Hermann Krekeler

CHAOS
im Kinderzimmer

Hermann Krekeler

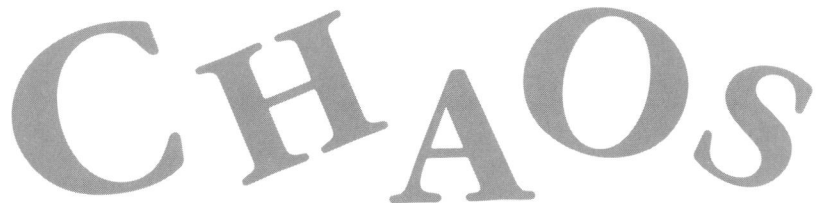

CHAOS

im Kinderzimmer

Wenn Kinder nicht aufräumen wollen

Mit Illustrationen von Stephanie Wagner

Kösel

ISBN 3-466-30391-5

© 1995 by Kösel-Verlag GmbH & Co., München
Printed in Germany. Alle Rechte vorbehalten
Druck und Bindung: Kösel, Kempten
Umschlag: Elisabeth Petersen, Glonn
Umschlagmotiv: Stephanie Wagner, Starnberg

1 2 3 4 5 · 99 98 97 96 95

*Gedruckt auf umweltfreundlich hergestelltem Werkdruckpapier
(säurefrei und chlorfrei gebleicht)*

Inhalt

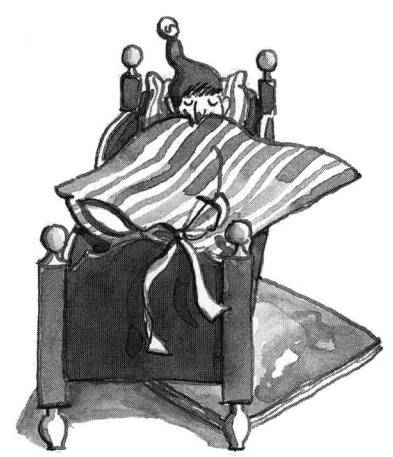

Einleitung

Glauben Sie mir, liebe Leserin, lieber Leser, wenn es zu einem Problem mehr als zwei Bücher oder sagen wir vier, fünf Artikel in Zeitschriften gibt, dann ist das Problem wahrscheinlich gar nicht lösbar. Gäbe es eine überzeugende Lösung, hätte sich das nämlich in Windeseile herumgesprochen und die ganze Angelegenheit wäre längst in Vergessenheit geraten. Wenn sich ein Problem ohne weiteres lösen läßt, ist es in der Regel kein Problem, sondern lediglich eine Aufgabe, die jedermann mehr oder weniger gut bewältigen kann.

Ich will nicht sagen, daß so etwas nicht vorkommt. Wahrscheinlich kennen Sie den Witz von dem Mann, der beim Arzt klagt: »Herr Doktor, immer wenn ich Kaffee trinke, tut mir mein rechtes Auge weh.« Und was rät der Arzt? »Nehmen Sie doch mal den Löffel aus der Tasse.«

Derartige Probleme lassen sich restlos aus der Welt schaffen. Alle Probleme dagegen, die mit Ordnung und Kindern zusammenhängen, werden sich mit Sicherheit nicht so leicht lösen lassen. Und da Sie sich dieses Buch besorgt haben, gehören auch Sie vermutlich nicht zu der unbedeutenden Minderheit von Eltern, die behauptet, in ihrem Haushalt sei das Thema Ordnung kein Thema.

Wenn Sie unter dem Chaos im Kinderzimmer leiden, trösten Sie sich, den anderen geht es nicht besser. Das haben Sie sicher in den Gesprächen mit Ihren Leidensgenossen längst selbst herausgefunden. Die erhofften Patentrezepte gibt es nicht. Leider. Auch in diesem Buch werden Sie sie nicht finden. Trotzdem – legen Sie es nicht gleich beiseite. Sein Inhalt kann Ihnen in vielerlei Hinsicht von Nutzen sein. Und sei es nur, daß er Ihnen hier und da zu etwas mehr Gelassenheit verhilft. Die kann man im Zusammenleben mit Kindern immer gut gebrauchen. Und ein wenig Humor kann auch nicht schaden.

Eine Kollegin von mir, Mutter von fünf Kindern, empfahl einmal lebensklug: Versuchen Sie gar nicht erst, den Kampf gegen die Unordnung zu gewinnen. Geben Sie sich mit einem Unentschieden zufrieden.

Wie entsteht Unordnung?

Unordnung entsteht dann, wenn man Dinge nach Gebrauch nicht dahin zurücklegt, wo sie hingehören. Das klingt einleuchtend. Aber so simpel das auf den ersten Blick erscheint, so kompliziert ist das in der alltäglichen Praxis. Schauen wir uns das einmal etwas genauer an.

Wann ist was zu Ende?

Wer legt eigentlich fest, wann der Gebrauch eines Dinges zu Ende ist? Kinder jedenfalls haben da gewöhnlich andere Auffassungen als die Erwachsenen. Gut, nach dem Zähneputzen kommt die Zahnbürste zurück in den Zahnputzbecher. Das ist einsichtig, aber was ist mit der Bastelei auf dem Küchentisch? Vorhaben dieser Art sind für Kinder nur in Ausnahmefällen wirklich abgeschlossen. Sie werden höchstens für unbestimmte Zeit unterbrochen. Selbst wenn das Schiffchen fertig gefaltet und bemalt ist, ist damit das Unternehmen Seefahrt ja noch nicht zu Ende. Jederzeit kann es notwendig werden, weitere Boote zu falten und zu bemalen. Und wie lästig ist es dann, wenn man Papier und Stifte erst wieder hervorkramen muß. Also bleiben sie vorsorglich griffbereit liegen.
Mit Bauvorhaben jeder Art ist das nicht anders. Manche Bauwerke werden nun mal nie richtig fertig. Wie kann man da verlangen, daß vorzeitig Baumaterialien und Baugerät weggeräumt werden? Noch ein Beispiel: Wenn kein Wind zum Drachensteigen mehr weht, bleibt der Drachen erst einmal auf dem Rasen liegen – so lange, bis wieder Wind da ist oder Vater (oder Mutter) ihn aufräumt.

Für Kinder ist es obendrein nicht ungewöhnlich, mehrere Projekte gleichzeitig zu verfolgen. Das Projekt, das gerade nicht so interessant ist, muß eben warten, bis es wieder an der Reihe ist. Aber wehe, jemand verlangt, daß es bis dahin an einen Platz geräumt wird, wo es nicht gerade die Hauptverkehrswege in der Wohnung blockiert!

Wo gehört was hin?

Ja, wo gehören die Dinge denn nun wirklich hin, wenn sie nicht oder nicht mehr gebraucht werden? Auch darüber gehen die Vorstellungen von Kindern und Erwachsenen ziemlich auseinander.
Für Erwachsene gehört jedes Ding an seinen Platz. Werkzeug in die Werkzeugkiste, Geschirr in den Küchenschrank, Schuhe ins Schuhregal,

Kleider in den Kleiderschrank. Für Kinder bedeutet das aber in vielen Fällen, daß sich die Dinge dummerweise meist da befinden, wo sie nicht gebraucht werden. Niemand ißt im Küchenschrank, niemand versucht in der Werkzeugkiste zu hämmern oder fegt im Besenschrank. Kindern müssen die Ordnungssysteme der Erwachsenen höchst unpraktisch vorkommen. Sie machen alles umständlicher. Kindern scheint es sinnvoller, die Sachen da liegenzulassen, wo man sie zuletzt gebraucht hat. Es ist ja schließlich gar nicht so unwahrscheinlich, daß man sie demnächst genau an diesem Platz wieder brauchen wird. Zugegeben, auch dieses Ordnungssystem hat seine Schwächen. Aber so ganz dumm ist es schließlich auch nicht.

Kindern fällt es leichter, Dinge zurückzuräumen, wenn der Ort, an dem sie sich üblicherweise aufhalten sollen, wirklich etwas mit den Dingen selbst und ihrem Gebrauch zu tun hat. Nicht jeder Platz im Kinderzimmer eignet sich beispielsweise so gut als Wohnort für Kuscheltiere wie das Bett ...

Wenn etwas dazwischenkommt

Unglücklicherweise gibt es genügend Umstände, die es auch gutwilligen Erwachsenen schwermachen, Ordnung zu halten. Zum Beispiel: Gerade will ich noch die Briefmarke auf einen Brief kleben, der längst unterwegs sein sollte, da klingelt es an der Tür. Mit dem Brief in der Hand öffne ich. Der Nachbar möchte sich einen Kreuzschlitzschraubendreher ausleihen. Soll er haben. Ich lege den Brief auf das Schuhregal neben der Garderobe und hole den Schraubendreher aus dem Keller. Der Brief bleibt geduldig und ohne Marke auf dem Regal liegen, während ich noch ein bißchen mit dem Nachbarn plaudere. Und er liegt auch dann noch dort, wenn ich am nächsten Tag ebenda nach dem Autoschlüssel suche.

Oder: Eines der Kinder hat sich an einer Glasscherbe geschnitten. Schnell muß ein Pflaster her. Zum Glück liegt das Verbandszeug an seinem Platz. Sogar die Schere ist da. Wenn das Pflaster sitzt, muß der Patient ausgiebig getröstet werden. Und zwar gleich. Wer bringt es in einem solchen Moment übers Herz, vorher noch sachgerecht das Verbandszeug zu verstauen? Pflasterschachtel, Schere, Schutzpapierchen müssen sich gedulden. Und die Chancen stehen nicht schlecht, daß sie bis auf weiteres unbehelligt am Ort des Geschehens liegenbleiben. Sagen Sie nicht, daß Ihnen so etwas nie passiert.

Wenn etwas anderes interessanter ist

Gegen die Wechselfälle des Lebens ist niemand gefeit. Und wer hat nicht Verständnis dafür, daß ein Kind eine Aufräumaktion abbricht, weil da

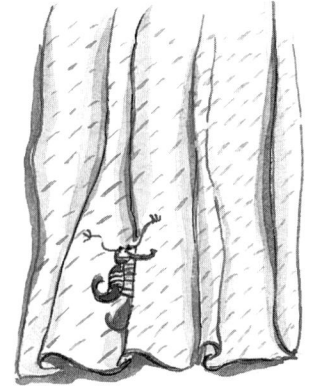

gerade ein unheimliches Insekt an der Gardine hochkrabbelt, das umgehend und ausführlich beobachtet werden muß?

Meine Frau schiebt die nächste CD erst in den CD-Player, wenn sie die abgelaufene wieder ordnungsgemäß in ihr Häuschen gesteckt und ins Regal zurückgestellt hat. Ich leider nicht. Ich nehme die abgelaufene herunter, lagere sie irgendwo zwischen und lege die nächste auf. Ich erwarte die neue Musik mit viel zuviel Ungeduld, als daß ich eine zeitraubende Wegräumpause aushalten könnte.

So ähnlich muß es Kindern auch gehen, denke ich. Das Neue ist so interessant und muß gleich erlebt oder bearbeitet werden. Das Wegräumen kann warten. »Leb jetzt, spül später«, hieß es einst in der Werbung für ein krustensprengendes Spülmittel. Ist da nicht was dran?

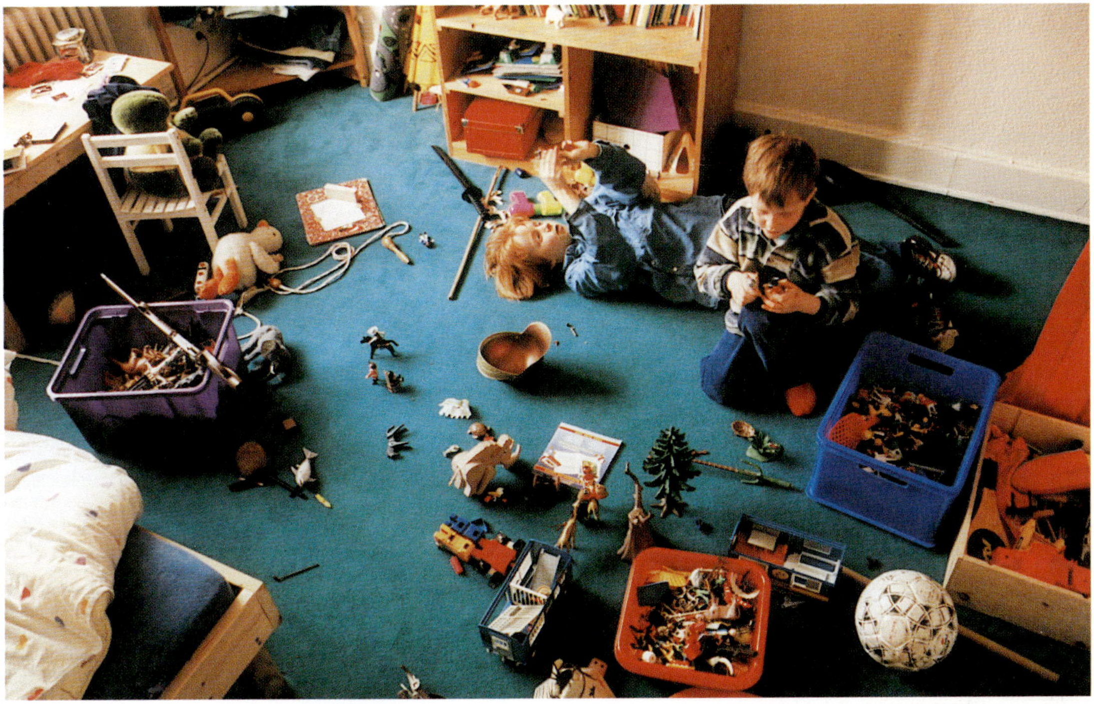

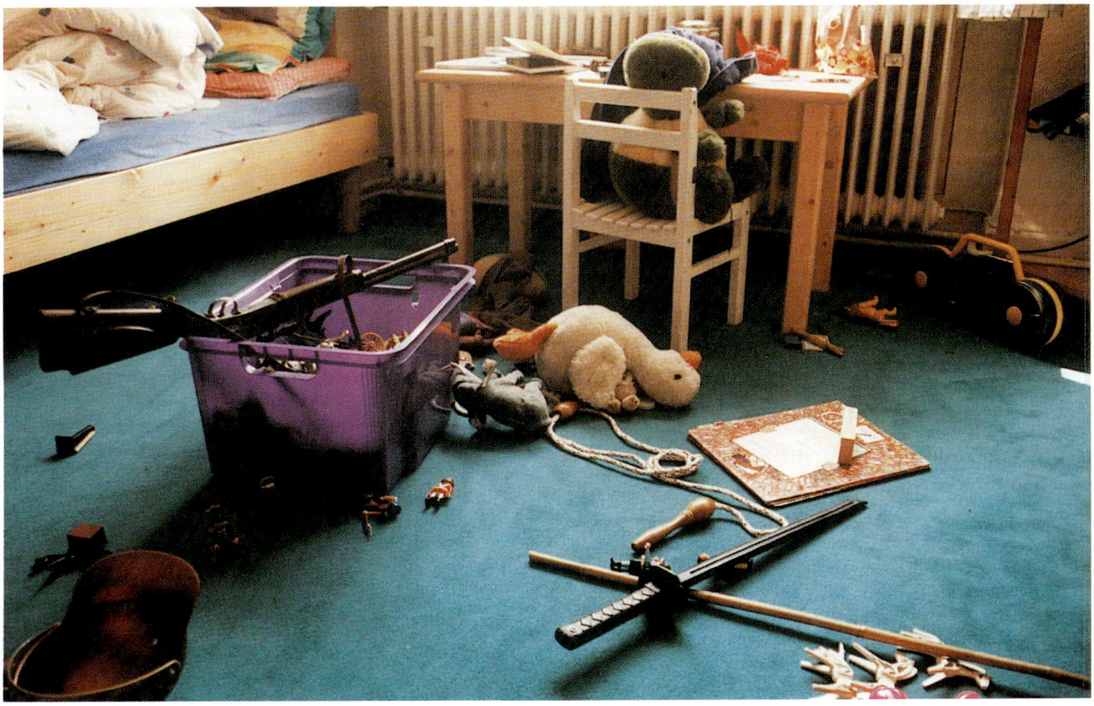

Vorsicht, Entropie!

Was lehrt uns das alles? Unordnung hat es leichter, sich breitzumachen, als Ordnung. Das ist eine alltagspraktische Erfahrung. Es gibt natürlich auch wissenschaftliche Theorien darüber, wie Unordnung entsteht. Eine davon stammt aus der Physik. Die Thermodynamiker haben eine Gesetzmäßigkeit entdeckt, die sie Entropie nennen. Umgangssprachlich ist damit der Tatbestand gemeint, daß in der physikalischen Welt alles zwangsläufig unordentlicher wird, wenn man nichts dagegen unternimmt.

Das Standardbeispiel, um zu veranschaulichen, was Entropie ist, lautet etwa so: Wenn man zwei Gase, sagen wir Sauerstoff und Stickstoff, zusammen in ein Behältnis sperrt, dann ist es nur eine Frage der Zeit, bis sich die beiden vollständig vermischt haben. Für die Physiker ist dann der Zustand größtmöglicher Unordnung erreicht. Von allein wird sich das Gasgemisch niemals wieder ordentlich in Sauerstoff und Stickstoff trennen. Auf den ersten Blick hat das nicht viel mit der Unordnung im Kinderzimmer zu tun. Oder doch? Die Physiker sind sich einig: Um der allgegenwärtigen Entropie entgegenzuwirken, um Ordnung herzustellen oder zu erhalten, ist ein gehöriger Aufwand an Energie notwendig. Und wer kennt das nicht von seinem eigenen Schreibtisch? Für die meisten Menschen bedarf es eines erheblichen Aufwandes, ihn in einem funktionstüchtigen Zustand zu halten. Diese Energie muß man erst einmal aufbringen. So gesehen ist es also eine Illusion, zu glauben, Ordnung sei ein natürlicher Zustand und die Unordnung sei lediglich so eine Art Ausrutscher. Wie man es

auch dreht und wendet: Ordnung gibt es nicht zum Nulltarif. Man muß etwas dafür tun. Das gilt für Kinder genauso wie für ihre Eltern.

Ursuppe

Übrigens gibt es noch eine weitere Theorie darüber, wie es zur Unordnung im Kinderzimmer kommt. Eigentlich ist es weniger eine Theorie als eine Vision, eine Schreckensvision. Nachzulesen ist sie im »Kleinen Erziehungsberater« von Axel Hacke:

»Jene Ursuppe aus Legosteinen, Puppenarmen, Bonbontüten, Bekleidungsfetzen, welche Kinderzimmerböden bedeckt, entsteht ohne das Zutun von Menschen. Es handelt sich vielmehr um einen kaum erforschten, vielleicht gar nicht erforschbaren Fortpflanzungsvorgang unbelebter Materie: Siku-Autos treiben es mit Überraschungs-Eiern, Kaugummipapier kopuliert mit Nimm-zwei-Bonbons, Batmanfiguren gebären Kinderpoststempel, Ventile von Kinderfahrrädern vereinigen sich mit Schwimmflügeln, aus dem Schoß einer Schildkrötpuppe kriechen Buntstifte, uralte, zerbissene Schnuller paaren sich mit den Resten geplatzter Luftballons. All das zerfällt bei einer Halbwertzeit von einer Stunde pro Teil in immer kleinere Plastikteilchen, die schließlich knöchelhoch im Raum liegen, durch die Zimmertür auf den Flur schwappen, sich über die Treppe ins Wohnzimmer ergießen und eines Tages die ganze Welt bedecken werden, unser aller Körper, durch die schreckensstarren Leiber jener, die von alledem nichts ahnten, die keine Kinder haben und aus unverständlichen Gründen auch keine haben wollen.«

Wozu braucht man Ordnung?

Praktische Gründe

Ordnung erleichtert das Leben, »sie erspart viel Zeit und Müh.« In der Tat halte ich Ordnung in erster Linie für ein praktisches Problem, nicht etwa für ein pädagogisches oder gar ein moralisches. Wenn jedes Ding an seinem Platz liegt, kommt man einfach besser zurecht, und das Zusammenleben ist weniger aufreibend. Seit ich Hausmann bin, weiß ich es immer mehr zu schätzen, wenn Geschirr und Töpfe ihren festen Platz haben. Beim Wirtschaften in der Küche ist das ohne Zweifel von erheblichem Nutzen.

Die Vorteile einer praktischen Grundordnung im Haushalt sind so einsichtig, daß man sich wundert, warum trotzdem immer wieder alles so schnell durcheinandergerät. Das liegt wohl daran, daß die Erhaltung von Ordnung in Wirklichkeit nicht viel mit Einsicht zu tun hat, um so mehr aber mit Arbeit und Energieaufwand.

Noch eine Anmerkung dazu: Ordnungssysteme wachsen und verändern sich mit den Anforderungen, die an sie gestellt werden. Das sollten sie jedenfalls. Weil sie aber so vertraut und so eingeschliffen sind, ist es oft nicht einfach, sie aufzugeben, auch wenn sie eigentlich ihre Aufgabe nicht mehr erfüllen können. Wenn man beispielsweise die Telefonnummern im privaten Adreßbuch nach Vornamen geordnet hat, wird es irgendwann nötig, auch die Nachnamen aufzuschreiben, weil man sonst nicht mehr weiß, zu welchen von den vier Wolfgängen die jeweilige Telefonnummer gehört. Andererseits ist eine streng systematische Ordnung nicht immer die effektivste. Als in unserem Haushalt das Computerzeitalter ausbrach, habe ich alle privaten und dienstlichen Adressen dem Rechner anvertraut und ihn veranlaßt, eine aktuelle Telefonliste auszudrucken. Die Liste ist übersichtlich und funktionsgerecht gestaltet. Trotzdem kommt keiner mit ihr zurecht. Es fehlen die vertrauten handschriftlichen Anmerkungen, die Unterstreichungen, die Kaffeflekken und Eselsohren, eben all die unbewußten kleinen Orientierungshilfen, die auf der alten Liste das Auffinden einer Nummer erleichtert haben.

So etwas kennt jeder: Nachdem man gründlich aufgeräumt hat, findet man nichts mehr wieder. Wir hatten uns ja längst gemerkt, daß der Korkenzieher aus unerfindlichen Gründen seit Monaten auf dem Gewürzregal liegt.

Bei den Büchern ist es nicht viel anders. Der Duden steht sei eh und je zwischen den Gartenbüchern. Er gehört da eigentlich nicht hin, aber jeder weiß, daß er da steht. Warum ihn nur der Systematik wegen zu den anderen Nachschlagewerken stellen?

Ästhetische Gründe
(Aufgeräumt sieht's einfach besser aus)

Ordnung hat nicht nur eine praktische Seite, sondern auch eine ästhetische. Ein jeder bemüht sich, die Blumen in der Vase so zu arrangieren, daß es schön aussieht. Form und Farbe der Vase sollen natürlich auch zum Strauß passen. Einen praktischen Wert hat das nicht, aber es befriedigt unseren Schönheitssinn. Da, wo die Dinge mit Geschmack zusammengestellt sind, fühlen wir uns einfach wohler. Trotzdem – Geschmack ist bekanntlich

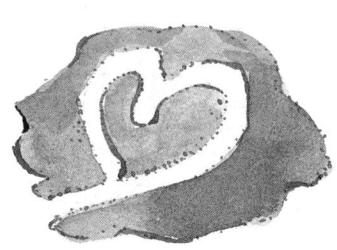

eine höchst subjektive Angelegenheit. Was der eine als wohlgeordnet empfindet, mutet dem anderen als steril an. Weil bei ästhetischen Fragen immer individuelle Vorlieben beteiligt sind, läßt sich im Hinblick auf Ordnung nicht so gut argumentieren. Bei allen praktischen Belangen dürfen wir an die Ver-

nunft der Beteiligten appellieren, sofern es aber um unsere persönlichen, ästhetischen Vorlieben geht, können wir uns nicht auf allgemeingültige Standards und Erfahrungen berufen. Schon gar nicht bei Kindern. Letztlich ist es eine Gefälligkeit oder ein Zeichen von Wertschätzung, wenn Kinder oder andere Mitbewohner unsere Vorlieben respektieren und sich nach ihnen richten. Fordern kann man da nichts, höchstens bitten. Etwa: »Wenn du mir einen Gefallen tun willst, dann sei doch so gut und mach die Tür vom Küchenschrank wieder zu, nachdem du dir einen Teller geholt hast. Ich finde, das sieht einfach besser aus. Außerdem staubt das Geschirr nicht so schnell ein.«

Psychologische Gründe

Die psychologische Seite der Ordnung ist die komplizierteste, weil sie am wenigsten der Vernunft zugänglich ist. Das gilt vor allem, wenn das Bedürfnis nach Ordnung zwanghafte Züge annimmt, die sich kaum noch mit praktischen oder ästhetischen Gesichtspunkten erklären lassen. Doch auch abgesehen von solchen Extremfällen scheint es bei allen Menschen einen Zusammenhang zwischen der äußeren Ordnung und ihrer seelischen Befindlichkeit zu geben. Wer kennt das nicht: Wenn man innerlich aufgewühlt und durcheinander ist, wächst das Bedürfnis nach einer wohlgeordneten Umgebung. Manche Menschen fangen dann an, aufzuräumen und zu putzen, als wollten sie auf diese Weise die innere Unruhe bannen.

Manchmal hilft es tatsächlich. Und das kennen Sie auch: An manchen Tagen erträgt man die Unordnung, die die Kinder hinterlassen, leichter als an anderen. Wenn ich gerade innerlich aufgeräumt und guter Dinge bin, kann ich gelassen über das Chaos im Flur hinwegsehen. Bin ich eh schon gereizt oder im Streß, reicht ein Turnschuh am falschen Platz, um das Faß zum Überlaufen zu bringen. Der folgende Ausbruch trifft den Turnschuhbesitzer wie ein Unwetter aus heiterem Himmel. Vielleicht gibt es da eine Art Gesetz: Je größer die Unstimmigkeit ist, die in unseren seelischen Angelegenheiten herrscht, desto größer ist auch unser Bedürfnis nach äußerer Ordnung, nach eindeutigen Orientierungen und verläßlichen Strukturen. Wohlgemerkt: Das Bedürfnis nach Ordnung wächst, nicht etwa die Ordnung. Wenn man die Energie zum Aufräumen nicht aufbringen kann, weil es einem schlechtgeht, sieht es bald drum herum genauso aus wie innen drin.

Die Frage »Wieviel Ordnung braucht ein Kind?« läßt sich allgemeingültig also nicht beantworten. Die Antwort hängt wie bei jedem Menschen von seiner psychischen Verfassung und seiner Tagesform ab. Es muß uns auch nicht wundern, daß selbst gewohnheitsmäßige Schlamper unter den Kindern in manchen Situationen auf eine penible Ordnung bedacht sind oder auf der Einhaltung von Regeln und Ritualen bestehen.

Unordentliches Zimmer

Also, wer in diesem Zimmer wohnt, der soll sich was schämen!
Seine Unterhose hängt an der Lampe.
Sein Regenmantel ist auf den Stuhl gesaut,
und der Stuhl ist voll glitschiger Pampe.
Die Schulhefte sind unterm Fenster verstaut,
sein Pullover liegt auf dem Boden herum.
Sein Schal und ein Ski unter seinem TV,
im Kleiderschrank stecken die Bücher, zackbumm,
seine Jacke liegt auf dem Flur und ist blau.
Die Eidechse Fritz schläft unterm Plumeau,
eine Socke klebt an der Wand und riecht sooo …
Also, wer in diesem Zimmer wohnt, der soll sich was schämen!
Robert oder Willy oder Theodor …
Wie bitte? Du sagst, es ist mein Zimmer? Oha,
es kam mir doch gleich so anheimelnd vor.

Shel Silverstein

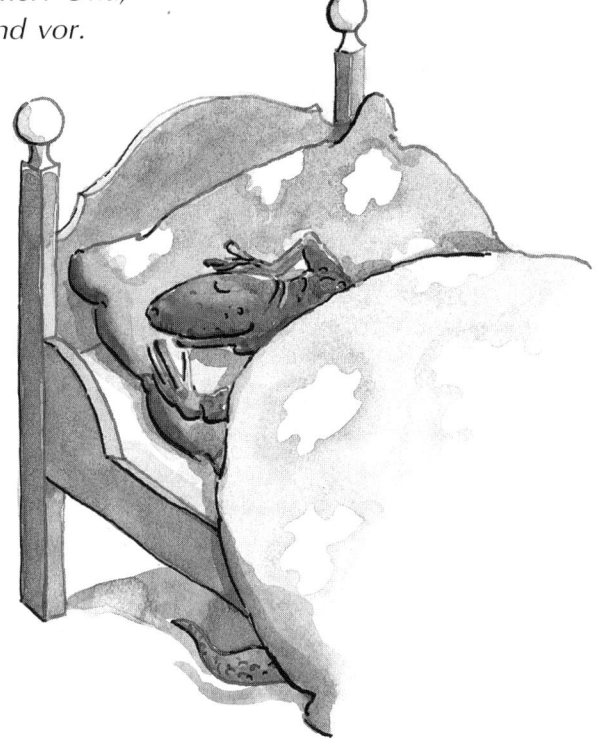

Ist Ordnung Ansichtssache?

Daß Ordnung bis zu einem gewissen Grade Ansichtssache ist, wird niemand bezweifeln. Ich glaube, es gibt keine zwei Menschen auf der Welt, die da in allen Punkten die gleiche Auffassung haben. Vor allem ist Ordnung relativ. Kürzlich führte ich eine Besucherin durch unser Haus. Das Kinderzimmer wollte ich ihr eigentlich nicht zeigen, weil es in dem Zustand war, den man gewöhnlich mit dem Einschlag einer Bombe in Verbindung bringt. Unter vielen vorbeugenden Entschuldigungen öffnete ich dann doch die Tür, soweit das überhaupt ging. Und was sagte der Besuch unbeeindruckt von dem Chaos? »Ach, so sieht es bei meiner Enkelin Marie aus, wenn sie aufgeräumt hat.« Ist das nun ein Trost?

Ordnung ist keine Eigenschaft, die den Dingen um uns herum von vornherein innewohnt. Sie ist nicht naturgegeben. Was wir Ordnung nennen, wird durch unsere Gewohnheiten, Vorstellungen und Absichten bestimmt. Wenn Sie eine Handvoll Kieselsteine haben, können Sie diese nach ganz verschiedenen Gesichtspunkten ordnen. Nach Größe, nach Formen, nach Farben. Sie können mit den Steinen geometrische Muster legen oder sie kunstvoll zu einem Bauwerk aufstapeln. Keine dieser Ordnungen ist von sich aus schlechter oder besser als eine andere. Sie sind nur mehr oder weniger gut für bestimmte Zwecke geeignet. Wenn man ein Mosaik mit den Steinen legen will, ist es vielleicht sinnvoll, sie vorher nach Farben zu ordnen. Wenn man einen Turm bauen will, ordnet man sie besser nach ihrer Form.

Neben solchen zweckdienlichen Gesichtspunkten gibt es noch eine Unzahl von subjektiven und situationsabhängigen Aspekten, die für einen Außenstehenden nicht immer gleich zu verstehen sind. Erst beim genaueren Hinsehen wird in dem Chaos eine durchaus sinnvolle Struktur erkennbar. Sogar im Kinderzimmer von Fritz. Gewöhnlich ist die Unordnung dort so groß, daß ich gar nicht erst versuchen will, sie zu beschreiben. Nimmt man sich aber etwas Zeit und befragt Fritz, dann zeigt sich, daß die scheinbar wahllos verstreuten Dinge um bestimmte Zentren herum organisiert sind. Hier das Projekt Ritterburg, dort der Zoo – allerdings überlagert von der Teststrecke für die Rennautos. Die Kuscheltiere machen gerade einen Ausflug, das erklärt, warum sie über den ganzen Raum verteilt sind. Vom Puzzle fehlen Teile, nur deshalb liegt es noch unvollendet herum. Während uns diese Unordnung verrückt macht, findet Fritz sich darin spielend zurecht. Und wenn es selbst ihm zuviel wird, läßt er sich auch schon mal beim Aufräumen helfen.

Je kleiner Kinder sind, desto weniger lassen sich ihre Ordnungssysteme mit denen von Erwachsenen vergleichen. Ordnung um der Ordnung willen kennen sie schon gar nicht. Sinn macht sie für Kinder nur als Teil eines Spiels oder eines Experiments. Ist die Ordnung keinem konkreten Zweck untergeordnet, ist sie ohne Belang.

Leiden Kinder unter Unordnung?

Ob Kinder unter Unordnung leiden, läßt sich nicht so leicht und schon gar nicht generell sagen. Ab wann Kindern die selbstverursachte Unordnung auf die Nerven geht, kann man eigentlich nur durch vorurteilsfreie Beobachtung und behutsame Befragung herausfinden. Manche Eltern machen die Beobachtung, daß ihre Kinder im Chaos des Kinderzimmers nicht mehr spielen mögen und dann ihre Aktivitäten ins Wohnzimmer verlagern. Oder sie haben den Eindruck, daß die aufgeräumten Sachen einen größeren Spielanreiz bieten als die verstreuten. Dann ist der Zeitpunkt gekommen, sich mit den Kindern zu verständigen und Hilfe anzubieten. Voreilig aber ist es, zu unterstellen, Kinder müßten angesichts der chaotischen Zustände im Kinderzimmer das gleiche empfinden wie wir. Tun sie nämlich nicht. Mich überkommt in Felix' Zimmer regelmäßig ein Gefühl von Verzweiflung und Mutlosigkeit. Wenn ich Felix ehrlich davon berichte, zeigt er Verständnis, sogar Mitgefühl. Doch spätestens, wenn er dann auch noch anfängt, mich zu trösten, wird mir klar, daß er jetzt mehr um mein Wohlergehen bemüht ist als um das eigene. Er versteht vielleicht meine Gefühle, aber er teilt sie keineswegs. Möglicherweise hat er ganz andere Sorgen mit seinen Sachen. Welche das sind, bekomme ich nur heraus, wenn ich von meinen Empfindungen absehe und versuche, mich auf seine Sicht der Dinge einzulassen.

Sind Kinder von Natur aus unordentlich?

Kleine Kinder sind nicht unordentlich. Im Gegenteil, fast alles, was sie in ihren ersten Lebensjahren tun, kann man als Versuch ansehen, Ordnung in eine überwältigende Vielfalt von Eindrücken und Erfahrungen zu bringen. Um herauszufinden, wie die Welt beschaffen ist, was zusammengehört, wie etwas funktioniert, stellen sie unentwegt Experimente an. Sie dienen alle dem gleichen Zweck: Ordnungen aufzuspüren oder zu erzeugen. Weil sich diese Ordnungsleistungen aber erheblich von denen Erwachsener unterscheiden, fällt es uns oft schwer, sie überhaupt als solche zu erkennen und zu würdigen oder auch nur zu ertragen.

Als Franz eineinhalb Jahre alt war, experimentierte er ausgiebig mit der Entropie, also dem Zustand der größtmöglichen Unordnung. Während Erwachsene unter Ordnen meist Sammeln verstehen, war das oberste Ordnungsprinzip von Franz das Zerstreuen. Alles, was er in die Hände bekam, wurde auf seine Verteilbarkeit hin untersucht. So gab er sich erst zufrieden, wenn er die Reiswaffel restlos in ihre krümeligen Bestandteile zerlegt und diese gleichmäßig über dem Fußboden verteilt hatte. Nicht anders erging es dem Besteck aus der Küchenschublade, der Milch aus dem Trinkbecher und den Legohäusern seines Bruders. Mit Zerstören hatte das nichts zu tun. Für Franz war das lediglich eine altersgemäße Methode, Ordnung zu schaffen.

Sind Jungfrauen ordentlicher als Wassermänner?

Den Menschen, die im Zeichen der Jungfrau geboren sind, sagt man nach, sie seien pingelig auf Ordnung bedacht. Sie lieben die Symmetrie, die Übersicht, die Gründlichkeit. Wassermänner hingegen gelten als leicht chaotisch, unkonventionell, wechselhaft. Wenn Sie sich in ihrem Bekanntenkreis umschauen, werden sie mit Sicherheit Jungfrauen und Wassermänner finden, auf die diese Beschreibung haargenau zutrifft. Aber wahrscheinlich finden sie auch den einen oder anderen pedantischen Wassermann und eine Jungfrau, deren Schreibtisch aussieht, als hätte er ein Dauerverhältnis mit einem Wirbelsturm.

Also alles Unfug mit den Sternen? Mag sein. Das mag jeder halten, wie er will. Für mich hat die Astrologie eine bedenkenswerte Botschaft, ganz gleich, ob nun ihre Persönlichkeitsbilder im Einzelfall zutreffen oder nicht. Sie geht ganz selbstverständlich davon aus, daß die Menschen von Geburt an verschieden sind. Die einen lösen die Aufgaben, die ihnen das Leben stellt, so, und die anderen auf eine andere Weise. Es macht wenig Sinn, sie deswegen zu kritisieren. Die Jungfrau braucht vielleicht um sich herum eine verläßliche Ordnung, weil ihr das Sicherheit gibt und ihren Schönheitssinn befriedigt. Menschen, die in einem anderen Sternzeichen geboren sind, kommen mit weniger Ordnung zurecht. Ihnen macht es nicht so viel aus, wenn sie mal suchen müssen. Vielleicht inszenieren sie unbewußt immer ein bißchen Chaos um sich herum, weil sie das in Bewegung hält und inspiriert.

Das astrologische Denken verlangt, daß man die Unterschiede zwischen den Menschen respektiert. Jeder muß sich so verhalten können, wie er ist. Wir müssen hinnehmen, daß die anderen anders sind als wir, auch wenn das mitunter sehr anstrengend ist.

Ändern kann man einen Menschen nicht, das kann er nur selbst. Das gilt auch für den Umgang mit Kindern. Sie sind vom ersten Tag ihres Lebens an Persönlichkeiten mit eigenem Temperament, und wir tun gut daran, ihnen das zuzugestehen. Nur dann nämlich dürfen wir von ihnen erwarten, daß sie auch unsere Eigenheiten respektieren und sich an die Regeln halten, die das Zusammenleben erleichtern oder überhaupt erst möglich machen.

Ich kann aus einem kleinen Wassermann kein Jungfräulein machen. Aber ich darf durchaus von ihm verlangen, daß er nicht die ganze Wohnung in einen Abenteuerspielplatz verwandelt.

Wie lernt man Ordnung?

Den größten Teil meiner Schulzeit habe ich in einem Internat zugebracht. Es war eine schöne Zeit. Im Internat sind die Lehrer nicht nur Unterrichtsbeamte, sie sind zugleich Erzieher. Sie müssen dafür sorgen, daß die Kinder rechtzeitig ins Bett kommen, sich ordentlich waschen, pünktlich zu den Mahlzeiten erscheinen und in ihrer Freizeit keinen Unfug anstellen. Die echten Internatspädagogen wollen ihre Zöglinge nicht nur mit Fachwissen ausstatten, sie möchten sie darüber hinaus zu lebenstüchtigen Individuen heranbilden.

Dieser Anspruch ist zum Beispiel an meinen Zeugnissen abzulesen. Bis zur 10. Klasse findet sich dort noch vor den Zensuren für die schulischen Leistungen eine »Allgemeine Beurteilung«, nämlich: Körperpflege, Körperhaltung, Ordnung und Sauberkeit (in Kleidung, in Zimmer und Schrank), Benehmen bei Tisch und so weiter.

Bleiben wir einen Moment bei Ordnung und Sauberkeit in Zimmer und Schrank. In der Regel hatte ich in diesen Fächern ganz annehmbare Zensuren, obwohl ich mich schon damals eher zu den Schlampern rechnete. Immer wenn eine Kontrolle von Schrank oder Zimmer bevorstand, unternahm ich das Notwendigste, um einen guten Eindruck zu erwecken. Meinen Schrank hätte Potjomkin nicht schöner herrichten können. Hinter der Fassade sorgfältig geschichteter Pullover regierte das Chaos vereinzelter Socken, dreckiger Wäsche und allerlei Zeugs, das im Kleiderschrank gewöhnlich nichts zu suchen hat. Schlimmer noch war es mit dem Bett. Bis heute ist es mir ein Rätsel, wie es mir gelang, unter der glattgestrichenen Tagesdecke eine solche Menge von Kleidungsstücken, Schuhen, Instrumenten, Büchern und Spielzeug zu verbergen. Und in dem Kram habe ich auch geschlafen! Ordnung in meinen Sachen zu halten, habe ich im Internat nicht gelernt. Die meisten anderen Schüler übrigens auch nicht. Soweit ich mich erinnere, sind sie allesamt in ihrer Internatszeit genauso ordentlich oder unordentlich geblieben, wie sie es schon vorher waren. Von saisonalen Schwankungen einmal abgesehen.

Besonders gut kann ich mich an François erinnern. Er kam von einer strengen Kadettenschule in Südafrika. Die Betten wurden dort täglich kontrolliert. Angeblich mußten die Laken wie das Fell einer Trommel gespannt sein. Getestet wurde das mit einer Münze, die der Aufseher aus einer bestimmten Höhe fallen ließ. Wenn sie nicht wieder hochhüpfte, gab es eine Strafe. Genutzt hatte das strenge Regiment bei François offensichtlich nichts. Die Unordnung, die er vom ersten Tag an in unserem gemeinsamen Zimmer verbreitete, war kaum zu überbieten.

Schon damals reifte in mir der Verdacht, daß meinen unordentlichen Mitschülern durch pädagogische Maßnahmen kaum beizukommen sei. Ist der äußere Druck groß genug, beugen sie sich ihm vielleicht und passen sich zeitweilig den Gepflogenheiten an. Sobald aber nicht länger ernsthafte Konsequenzen drohen, fallen sie in ihre alte Schlamperei zurück.

Zwar kann man jemanden zwingen, sein Zimmer aufzuräumen, mit Erziehung zur Lebenstüchtigkeit hat das jedoch wenig zu tun. Oder anders gesagt: Ordnung kann man vielleicht lernen, aber lehren kann man sie nur in Grenzen. Äußerer Druck allein bewirkt keinen dauerhaften inneren Wandel.

Ich will nicht sagen, daß grundsätzlich all das wirkungslos ist, was Erzieher mit ihren Schutzbefohlenen unternehmen. Aber überschätzen darf man die Wirkung pädagogischer Maßnahmen, wohlmeinender wie repressiver, auch nicht. Wo immer echtes Lernen im Spiel ist, gibt es nun einmal keine einfache Entsprechung von Aktion und Reaktion. Kein Kind macht sich wie ein Automat all das zu eigen, was wir versuchen, ihm beizubiegen. Es wählt selbst, was es gebrauchen kann, und weigert sich mitunter hartnäckig, bestimmte Gewohnheiten anzunehmen, auch wenn das für uns noch so praktisch wäre.

Merke: Wer sein Kind zu einem ordentlichen Menschen erziehen will, tut gut daran, zu prüfen, ob die Mittel, die er anwendet, auch wirklich seinem Ziel dienen. Ansonsten halte ich es für ratsam, sich mit kleineren Brötchen zu begnügen. Man muß nicht gleich den ganzen Menschen formen oder umformen wollen. Es reicht, wenn er sich in punkto Ordnung so benimmt, daß es im Alltag nicht ständig zu Reibereien kommt. Wie gesagt: Für mich ist Ordnung in erster Linie ein praktisches Problem, weniger ein charakterliches, moralisches oder pädagogisches.

Vorbilder

»Erziehung ist zwecklos, die Kinder machen uns ja doch alles nach«, das hat einmal jemand behauptet. In vielen Fällen trifft das wohl zu. In punkto Ordnung ist darauf – leider (?) – wenig Verlaß. Da gibt es alle möglichen Varianten: Ordentliche Eltern haben unordentliche Kinder, und unordentliche Vorbilder staunen über das aufgeräumte Kinderzimmer. Oder: Der Sohn räumt auf, die Tochter nicht. Und so weiter. Außerdem habe ich den Verdacht, daß Kinder sich vorzugsweise an schlechten Vorbildern orientieren und nicht an den guten. Wenn auch nur einer in der Familie unordentlich ist, findet er sicher Nachahmer.

Nichtsdestoweniger: Das Ordnungsverhalten der Eltern ist gewiß nicht ohne Einfluß auf die Kinder. Nur, wie sich das Vorbild der Eltern im Einzelfall auswirkt, ist schwer zu sagen. Ich bin mir allerdings sicher, daß sich Kinder unweigerlich die Grundstrukturen aneignen, in die sie hinein-

wachsen. In einem Haushalt, in dem ganz selbstverständlich und undiskutierbar bestimmte Ordnungsregeln herrschen, ist die Wahrscheinlichkeit groß, daß die Kinder diese Ordnungsregeln irgendwann auch übernehmen. Wenn die Eltern aber selbst nicht ganz sicher sind, ob die Ordnungsregeln, auf deren Einhaltung sie pochen, ihre Berechtigung haben, ist damit zu rechnen, daß die Kinder diese Unsicherheit spüren. Und wie sich das auswirkt, ist eben ungewiß.

Die Unsicherheit der Eltern muß aber nicht zwangsläufig ein Nachteil sein. Sie ist immer auch eine Chance für die Kinder. Sie verlangt von ihnen, daß sie ihren eigenen Weg finden. Das kann mitunter lange dauern. Viele finden erst dann zu ihrer eigenen Ordnung, wenn sie das Elternhaus längst verlassen haben.

Muttertaub

Dieses schöne Wort hat der amerikanische Psychologe Rudolf Dreikurs geprägt. Es meint den wohlbekannten Sachverhalt, daß routinierte Kinder gewöhnlich auf Durchzug schalten, wenn sie von der Mutter ermahnt werden. Von der Mutter wohlgemerkt. Die Väter haben jedoch keinen Grund, aufzutrumpfen, wenn bei ihnen die Kinder gehorchen oder folgen. Das liegt nämlich nicht an ihrem größeren Geschick oder ihrer größeren

Autorität, sondern schlicht daran, daß es in der Regel die Mütter sind, die den Großteil des Zusammenlebens mit Kindern regeln müssen, während die Väter »wichtigeren« Aufgaben nachgehen. Da, wo die Rollen getauscht sind und der Hausmann regiert, stellen sich die Kinder eben vatertaub. Ermahnungen lassen sich überhören, ganz gleich, ob sie vom Vater oder von der Mutter kommen. »Wie oft habe ich dir schon gesagt, du sollst …« Einfach ignorieren, das ist allemal weniger anstrengend als aufräumen. Dafür braucht man nicht einen Finger zu krümmen.

Ein unfehlbares Mittel gegen Muttertaubheit ist, deutlich zu machen, daß man es ernst meint. Im einfachsten Fall reicht es, der Stimme den entsprechenden Nachdruck zu verleihen. Im Urlaub habe ich eine Mutter erlebt, die sagte: »Ich zähle bis drei!« Sie brauchte aus unerfindlichen Gründen nie hinzuzufügen, was bei drei passieren würde. Der vierjährige Sven mobilisierte alles, um vorher fertig zu sein. Ich glaube, ihm genügte der klare Hinweis, daß die Geduld der Mutter begrenzt ist. Wenn Kinder aus Erfahrung wissen, daß auf eine Ermahnung in der Regel nichts anderes folgt als die nächste Ermahnung, können sie diese getrost abwarten.

Verblüffend wirksam ist es, seinen Worten mit Körperkontakt Nachdruck zu verleihen. Kinder lassen sich nun einmal nicht fernsteuern. Statt quer über den Spielplatz zu brüllen: »Komm da weg« oder: »Hör endlich auf,

Carolin die Haare auszureißen«, probieren Sie doch mal folgendes: Gehen Sie zu Ihrem Kind, legen Sie ihm mit sanftem Druck eine Hand auf Schulter, Oberarm und Rücken, suchen Sie Blickkontakt, und sagen Sie dann mit ruhiger Stimme, was sie von ihm möchten. Durch die Berührung wird zusätzlich der Tiefensinn Ihres Kindes angesprochen, der Sinn also, der für die Eigenwahrnehmung des Körpers zuständig ist. Auf diese Weise dringt Ihre Botschaft tiefer ein. Sie können ihr mehr Nachdruck geben, als das je mit den flüchtigen Schallwellen Ihrer Stimme möglich wäre – auch wenn Sie noch so brüllen.

Es handelt sich dabei übrigens um den gleichen Mechanismus, den wir nutzen, wenn wir ein Versprechen mit Handschlag besiegeln oder jemandem, der neben uns sitzt, instinktiv die Hand auf den Unterarm legen, sobald wir ihm etwas ganz Bedeutsames mitteilen möchten.

Dann machst du es eben ohne Lust

Dummerweise haben wir uns angewöhnt, in den Auseinandersetzungen mit unseren Kindern zu oft das Wort Lust zu gebrauchen. »Ich habe keine Lust, immer hinter dir herzuräumen. Ich habe keine Lust, noch länger auf dich zu warten. Ich habe keine Lust, mir euer Gezeter anzuhören.«

Kinder müssen den Eindruck bekommen, es käme in erster Linie darauf an, ob man Lust zu etwas hat oder nicht. Daß es bei Kindern höchst riskant ist, mit Lust zu argumentieren, haben die Lehrer der Laborschule Bielefeld längst begriffen. Wenn ein Schüler nörgelt: »Ich habe aber keine Lust, den Abfall wegzubringen«, sagen sie ungerührt: »Dann machst du es eben ohne Lust.«

Ich glaube, es schadet nicht, wenn Kinder frühzeitig begreifen: Manche Dinge muß man tun, auch wenn man keine Lust dazu hat. So ist das Leben nun einmal eingerichtet.

Aufräumen
Ein Selbstgespräch

Heute bin ich von der Schule nach Hause gekommen, bin in mein Zimmer gegangen, hab mich umgesehen und hab zu mir selber gesagt: »Also, heute räume ich einmal mein Zimmer auf. So wie das da aussieht, da macht es ja wirklich keinen Spaß mehr, hier zu wohnen. Nach dem Essen werd ich gleich mein Zimmer aufräumen.«

Und ich hab richtig gemerkt, wie ich mich gefreut hab auf mein aufgeräumtes Zimmer. Schließlich ist es ja mein Zimmer, und ich muß drin wohnen, und ich hab zu mir selber gesagt: »Siehst du«, hab ich zu mir gesagt, »ich bin alt genug, daß ich selber weiß, wann ich mein Zimmer aufräumen muß, und niemand braucht es mir zu sagen!«

Und ich hab gemerkt, daß ich mich gefreut hab, daß ich ganz von selber mein Zimmer aufräumen werd, ohne daß es mir wer gesagt hat.

Beim Mittagessen hat meine Mutter dann zu mir gesagt: »Kim«, hat sie gesagt, »heute räumst du endlich einmal dein Zimmer auf!«

Da war ich ganz traurig.

Und jetzt sitz ich da und kann mein Zimmer nicht freiwillig aufräumen.

Und unfreiwillig mag ich es nicht aufräumen. Und wenn ich es heute nicht aufräume, dann wird die Mutter mit mir schimpfen und wird morgen wieder sagen, ich soll mein Zimmer aufräumen, und dann kann ich es morgen auch nicht freiwillig aufräumen.

Und so weiter, bis in alle Ewigkeit.

Und in einem so unordentlichen Zimmer mag ich auch nicht wohnen. Ich sehe keinen Ausweg. Ich glaube, ich muß auswandern.

Martin Auer

Widerstandsübungen

»Erwachsen ist man dann, wenn man etwas tut, obwohl es die Eltern von einem verlangen.« Was will der Volksmund uns damit sagen? Vermutlich, daß manche Kinder, vor allem heranwachsende, dazu neigen, die Weisungen ihrer Eltern aus Prinzip zu mißachten. (Früher hieß das einmal: »Traue keinem über dreißig.«) Das machen Kinder so lange, bis sie genug eigene Erfahrungen gesammelt haben und dann widerstrebend einsehen, daß die Eltern hin und wieder doch recht gehabt haben. So gesehen können Eltern für ihre Kinder ein ernsthaftes Hindernis auf dem Weg zur Selbständigkeit sein.

Aber der Reihe nach. Woher kommt dieses Mißtrauen gegen die gutgemeinten Anordnungen und Ratschläge der Eltern?

Möglicherweise

– steckt das Kind gerade in einer Trotzphase,
– hält das Kind sowieso alles, was von den Eltern kommt, für altmodisch, überholt oder unpraktisch,
– fühlt sich das Kind gegängelt,
– denkt das Kind: die wollen mich bloß ärgern,
– sucht das Kind einen Schauplatz für Machtkämpfe,
– haben sich Warnungen wie »Fall da nicht runter!« und Ratschläge der Eltern zu oft als unangebracht oder nutzlos erwiesen.

Ganz gleich, was es nun im Einzelfall ist, die Eltern haben bei den Verweigerern schlechte Karten. Sie erreichen nichts oder gar das Gegenteil von dem, was sie wollen. Es ist zum Verzweifeln. Und es ist ein Teufelskreis. Je mehr die Eltern warnen und mahnen, desto weniger folgen die Kinder. Und selbst dann, wenn die Eltern recht behalten, mögen es die Kinder nur ungern zugeben. Besonders, wenn sie obendrein zu hören bekommen: »Ich hab dir's ja gleich gesagt. Aber du weißt ja immer alles besser.« Wer mag seinen Eltern – oder jemand anderem – diesen Triumph gönnen? Den Spruch »Ich hab dir's ja gleich gesagt« sollte man sich allemal verkneifen. Solche Sätze sind in der Lage, jeder keimenden Einsicht gründlich das Wasser abzugraben.

Ich glaube, wir Eltern mischen uns zu oft ein. Ohne es zu wollen, verhindern wir, daß sich die Kinder unmittelbar mit den Belangen des Lebens auseinandersetzen; statt dessen streiten sie mit uns herum.

Wir schieben uns gewissermaßen zwischen das Kind und die Sache, um die es eigentlich geht. Wenn wir unsere Kinder unentwegt zur Ordnung ermahnen, müssen sie das Gefühl bekommen, Ordnung sei eine Erfindung oder ein Hobby von uns, und nicht etwas, das mit ihrer eigenen Lebens-organisation zu tun hat. Folglich verlagert sich die Auseinandersetzung vom Schauplatz »Chaos im Kinderzimmer« in den Beziehungsdschungel zwischen den Generationen. Wenn ein Kind schließlich den unablässigen

Mahnungen folgt, dann meist deshalb, weil ihm das Gezeter von Mutter und Vater auf die Nerven geht, und nicht, weil es erfahren und eingesehen hat, daß es sich mit einer gewissen Ordnung das Leben erleichtern kann.

Merke: Wer versucht, Ordnung zu verordnen, wird leicht Widerstandsübungen der verschiedensten Art herausfordern. Diese wiederum absorbieren Anstrengungen und Energien, die das Kind besser zum Aufräumen verwenden würde.

Werden Kinder aus Erfahrung klug?

Vor einiger Zeit trat Felix, als er ins Bett wollte, mit seinem nackten Fuß auf einen herumliegenden Legostein. Das war wohl sehr schmerzhaft, denn er brüllte wie am Spieß. Während ich ihn tröstete, überlegte ich, ob ihm das eine Lehre sein könnte. Ob er vielleicht künftig in seinem Zimmer einen schmalen Pfad zum Bett frei von Spielsachen halten würde? Wahrscheinlich nicht. Eher vermute ich, daß dieses Ereignis bedauerlicherweise kaum einen Eindruck bei ihm hinterlassen wird. In seiner Sicht tut ihm sein Fuß doch nicht weh, weil er sein Zimmer nicht aufgeräumt hat, sondern weil er aus Versehen auf einen Legostein getreten ist. Bestenfalls lernt Felix daraus, daß er beim nächsten Mal besser guckt, wo er hintritt.

Ein anderes Beispiel: Felix sucht nach seinen Sandalen. Es ist warm, er will keine Socken anziehen, aber barfuß in den Halbschuhen, das gefällt ihm auch nicht. Anfangs lasse ich ihn allein suchen. »Selbst schuld«, sage ich, »warum achtest du nicht auf deine Sachen.« Als er immer unglücklicher wird, gehe ich mit auf die Suche. Die Sandalen bleiben verschwunden. Felix zieht die Halbschuhe an, ohne Socken, und geht zu seinem Freund Hannes. Als ich ihn abends abhole, ist es schon reichlich kühl geworden. Hannes Mutter sagt bewundernd: »Felix hat den ganzen Nachmittag barfuß gespielt.« Eine Erkältung bekommt er nicht. Also hatte die Schlamperei mit den Sandalen keine ernsthaften Folgen. Er lernt vielleicht: Es ist lästig, Sandalen zu suchen und sich dabei die Ermahnungen des Vaters anhören zu müssen. Aber wenn er das nächste Mal seine Sandalen auszieht, weil es barfuß schöner ist oder weil man in seinem Spielhaus die Schuhe auszieht, dann sind all diese Erfahrungen auf der Stelle vergessen.

Warum es so selten funktioniert

Trotzdem, die Wirklichkeit ist und bleibt nun einmal der beste Lehrmeister. Am nachhaltigsten lernen wir in den Situationen, wo wir die natürlichen Folgen unserer Handlungen unmittelbar zu spüren bekommen. Nur geschieht das bei unseren Kindern leider viel zu selten. Das hat viele Gründe:

1. Die Folgen sind nicht so tragisch, als daß sie nicht in Kauf genommen werden könnten.
2. Die Erwachsenen lassen es gar nicht zu den Folgen kommen.
3. Kinder ziehen aus den Erfahrungen andere Schlüsse.

1. Alles halb so schlimm
»Wenn du dein Zeug jetzt hier rumliegen läßt, kann ich für nichts garantieren«, warne ich Felix. »Das Wohnzimmer ist für alle da. Wenn Franz deine Legobauten auseinandernimmt, werde ich ihn nicht daran hindern.« Felix wägt ab. Was ist weniger lästig, jetzt aufzuräumen oder in Kauf zu nehmen, daß die liebevoll konstruierten Legoautos von unkundiger Hand demontiert werden? Er entscheidet sich für das zweite. Abends ärgert er sich laut, daß Franz einen Teil der Autos zerlegt hat. Aber unterm Strich ging seine Kalkulation dennoch auf. Den Schaden an den Autos zu beheben, war letztlich weniger aufwendig, als sie beizeiten in Sicherheit zu bringen. Damit Felix sich angewöhnt, alles, was ihm am Herzen liegt, aus der Reichweite seines Bruders zu räumen, müssen drastischere Folgen eintreten. Und selbst dann kann es sein, daß einfach nur sein Mißmut über Franz wächst.

2. Mama wird's schon richten
Kinder verlassen sich darauf, daß es ihre treusorgenden Eltern schon nicht zum Schlimmsten kommen lassen werden. Carolin weiß: Meine Mutter macht sich Gedanken um meine Ernährung und mein körperliches Wohl. Ich kann sicher sein, sie wird mich nicht verhungern lassen. Ich kann also getrost am Essen herumnörgeln und auch in einen Hungerstreik treten, irgendwann wird sie meinen Forderungen nachgeben, und ich bekomme doch Nudeln mit Ketchup.

Ich kenne eine Mutter, die rechtfertigt den enormen Süßigkeitenkonsum ihres übergewichtigen Sohnes allen Ernstes mit den Worten: »Ich bin ja schon froh, wenn er überhaupt etwas ißt.«

Ein Kind weiß auch: Meine Mutter wird mich nicht in Socken zur Schule schicken, bloß weil ich meine Schuhe nicht finde. Also warum soll ich mich um etwas kümmern, solange auf meine Mutter Verlaß ist?

Es stimmt ja auch, wir wollen unsere Kinder vor den wirklich ernsten Konsequenzen ihrer Unordnung schützen. Vor allem da, wo sie die Reichweite der Handlungen noch nicht überblicken können. Wenn ein Kind seinen Fahrradhelm nicht finden kann, helfen wir ihm suchen. Das Risiko ist einfach zu groß. Wenn es nie mit den Hausaufgaben zurechtkommt, weil es seine Schulsachen nicht in Ordnung hält, greifen wir ein. Aber was ist, wenn es immer sein Pausenbrot liegenläßt, seinen Fahrradschlüssel ständig verliert, die nasse Badehose in der Tasche läßt und sie am nächsten Tag nicht anziehen mag?

Die natürlichen Folgen richtig zu dosieren und auch einmal Gejammer und Protest zu ertragen, fällt uns schwer. Wir sollten aber bedenken: Überall da, wo wir uns zuviel Sorgen machen, sind wir leicht erpreßbar und lassen uns grundlos als Handlanger einspannen. Kinder sind meist viel selbständiger und robuster, als wir das in unserer gutgemeinten Fürsorge ahnen.

3. Das kann man nicht vergleichen
Kinder denken konkret und verallgemeinern ihre Erfahrungen nicht in der gleichen Weise wie Erwachsene. Das folgende Beispiel zeigt dies sehr deutlich.
Franz wirft den Tankwagen von Felix in den Gartenteich. Weil das Fahrzeug schon ziemlich heruntergewirtschaftet ist, lasse ich ihn gewähren. Als er sich aber anschickt, das gleiche mit dem Rennauto zu machen, schreite ich ein. »Nein!« sage ich mit Nachdruck und nehme ihm das Auto weg. Franz gibt nach, bedeutet mir aber, ich solle ihm den Tankwagen aus dem Teich fischen. »Aha«, denke ich, »er hat etwas gelernt, nämlich: Autos gehören nicht in den Teich.« Denkste! Als ich ihm den Tankwagen aushändige, befördert er ihn umgehend wieder in den Teich. Aus meinem Eingreifen hat er andere Schlüsse gezogen, als ich vermutet habe. Er denkt: »Aha, den Tankwagen darf man in den Teich werfen, das Rennauto nicht.« Eigentlich logisch und altersgemäß. Der Lerneffekt bleibt an die konkreten Fahrzeuge gebunden und wird nicht auf alle Autos verallgemeinert. Aber auch ältern Kindern geht es ähnlich: Wenn ein Kind oft genug nach seinem Fahrradschlüssel suchen muß, lernt es vielleicht, ihn immer an die gleiche Stelle zu hängen. Aber das lästige Schlüsselsuchen wird es keinesfalls veranlassen, auch seine Turnschuhe immer da zu deponieren, wo es sie gleich wiederfindet. Dafür muß es erst oft genug nach den Turnschuhen gesucht haben.

Der beste Lehrmeister

Trotzdem, die natürlichen Folgen sind der beste Lehrmeister – und Katzen natürlich:
Kurz nachdem wir aufs Land gezogen waren, lief uns eine Katze zu. Wie jeder Katzenfreund weiß, sind Katzen resistent gegen jederlei Erziehungsversuche. So etwas perlt an ihnen ab wie das Wasser an der Ente, und Moral kennen sie sowieso nicht. Man kann eine Katze hundertmal vom Küchentisch verjagen. Das einzige, was sie lernt, ist: Wenn ich mich über

die Frühstücksreste hermache, darf ich mich nicht erwischen lassen.

Wer gelernt hat, das waren wir. Wir lernten, keine Lebensmittel herumstehen zu lassen. Andernfalls kann man sie getrost gleich in den Freßnapf tun. Diese Lektion hat bei uns nachhaltig gewirkt. Irgendwann wurde das Wegräumen zur Gewohnheit. Ich stelle die Milch längst nicht mehr weg, weil ich gerade noch rechtzeitig an die Katze denke, ich mache es automatisch – wie das Spülen auf der Toilette. Selbst in einem Haushalt ohne Katzen reagiere ich so: Instinktiv räume ich

Wurst, Milch, Käse, Brot vom Tisch; und zwar genau in dieser Reihenfolge, denn das ist die Hitparade unserer Katze. Die Kekse lasse ich stehen. Die mag sie nicht. Unsere Katze ist eine großartige Pädagogin.

Hunde haben bisweilen ähnliche Qualitäten. Ich weiß von einer Mutter, die den Kampf gegen das Chaos ihrer Kinder längst verloren glaubte, als ein junger Hund ins Haus kam. Von da an wurde alles anders. Nein, der Hund hat nicht aufgeräumt. Er hat auch nicht bedrohlich knurrend die Kinder zum Aufräumen angetrieben. Aber er hat sich einfach nicht um die Eigentums-

verhältnisse herumliegender Sachen gekümmert. Alles betrachtete er als sein Spielzeug. Er verschleppte Autos, versteckte die herumirrenden Holzkühe, biß heimatlosen Teddybären die Ohren ab und zerkaute gezielt die wichtigsten Legobausteine. Daß sich die Kinder bei ihren Eltern beschwerten, half natürlich nicht. Sie hatten sich schließlich

den Hund gewünscht. Was blieb ihnen übrig, als sich anzugewöhnen, ihre Wert-Sachen künftig hundesicher zu verstauen. Und wenn das geschieht, tja, dann sieht es selbst in einem kinderreichen Haushalt schon ganz anders aus.

Lob der Gewohnheit

Es ist äußerst nützlich, sich anzugewöhnen, Unvermeidliches automatisch – ohne nachzudenken – zu erledigen. Man vertut unnötig Zeit, wenn man jedesmal erst mit sich selbst diskutieren muß, ob man nun den Mantel an der Garderobe aufhängen soll oder nicht. Oder im Auto den Gurt anlegen, obwohl man nur zum Bäcker muß.

Leider weiß ich nicht mehr, wo ich die folgende Geschichte gelesen habe. Ich kann sie deshalb nur sinngemäß wiedergeben. Die Rede war von einem berühmten Mathematiker, der sich vor allem der Erforschung von Algorithmen gewidmet hat. Algorithmus ist ein schwieriges Wort für einen harmlosen Sachverhalt. Algorithmus nennt man jede Kette von Vorschriften, die man ausführen soll, um ein bestimmtes Ziel zu erreichen. Ein Kochrezept ist genau wie eine Anleitung zum Auswechseln des Staubsaugerbeutels ein Algorithmus.

Im Hause des Mathematikers wurde ein Empfang gegeben. Kurz bevor die ersten Gäste kamen, sagte seine Gattin: »Ach, binde dir doch noch eine andere Krawatte um. Ich finde, diese paßt nicht gut zu deinem Hemd.« Bereitwillig geht der Mann hinauf ins Schlafzimmer, wo die Krawatten im Schrank hängen. Aber er kommt nicht wieder. Nach einer Stunde, die Gäste sind längst alle da, geht seine Frau nach ihrem Mann schauen. Sie findet ihn im Schlafanzug im Bett liegen. Sie fragt: »Sag mal, hat du vergessen, daß wir Gäste haben?« »Mein Gott, nein«, sagt er. »Aber weißt du, nachdem ich meine Krawatte gelöst hatte, habe ich wie sonst vor dem Schlafengehen mein Hemd ausgezogen, dann die Hose, dann die Socken und so weiter. Und mich schließlich hingelegt.«

Die Krawatte war der Schlüsselreiz für eine Kette von Handlungen, die dann gewohnheitsmäßig und ohne Verstand abgelaufen sind. Genau das ist die Schwierigkeit mit den Gewohnheiten: Wenn sie passen, erleichtern sie uns das Leben, wenn nicht, kommt es unweigerlich zu Komplikationen.

Verständigung mit friedlichen Mitteln

Es ist vertrackt, aber gewöhnlich leiden diejenigen am wenigsten unter der Unordnung, die sie selbst verursacht haben. Deshalb lassen sich große und kleine Chaoten ja auch so schwer davon überzeugen, daß sie ein Problem haben. Und genaugenommen haben sie es ja auch nicht. Wenn Mama im Kinderzimmer nicht staubsaugen kann, weil alles »vollgemüllt« ist, ist das doch eigentlich mehr ihr Problem als das des Verursachers. Oder? Mit Unordnung – gleich, von wem verursacht – muß sich zuerst immer der herumärgern, dem sie am meisten auf die Nerven geht. Wer die niedrigste Toleranzschwelle hat, muß entweder selbst aufräumen oder die Schlamper irgendwie dazu bewegen, es zu tun. Aber wie? Sie können alles mögliche probieren, der Phantasie sind keine Grenzen gesetzt. Aber Sie dürfen nicht damit rechnen, daß der Schlamper Ihnen glaubt, wenn Sie behaupten, alles geschehe nur zu seinem besten.

Was müßte geschehen, damit Felix seine Jacke immer an der Garderobe aufhängt?

Ein Fünf-Punkte-Programm

1. Es müßte meiner Frau und mir ernsthaft und dringend ein Anliegen sein, daß Felix seine Jacke immer brav an der Garderobe aufhängt.

2. Wir beide müßten stets mit gutem Beispiel vorangehen und unsere Sachen auch immer brav an der Garderobe aufhängen.

3. Wir müßten eine Familienkonferenz einberufen und mit Felix aushandeln, wie künftig mit dem Problem umgegangen werden soll, falls er seine Jacke nicht aufhängt.

4. Alle Beteiligten müßten sich über eine längere Zeit hinweg konsequent an die Übereinkunft halten. So lange, bis Felix das Jackeaufhängen ganz selbstverständlich zur Gewohnheit geworden ist. (Das kann dauern!)

5. Flankierende Maßnahmen: Man müßte die Garderobe so einrichten, daß es für Felix möglichst leicht ist, sie brav zu benutzen.

Ich bin ziemlich sicher, daß dieses Programm nicht nur bei uns, sondern auch in anderen Familien Erfolg haben würde. Aber wie so oft: Der Teufel steckt im Detail. Es reicht schon aus, in einem der Punkte nachlässig zu sein, um das ganze Vorhaben scheitern zu lassen. Aus diesem Grund hat

 es bei uns bisher auch nicht geklappt. Aber eines ist uns Eltern immer klarer geworden: Wir kommen nicht umhin, uns zu fragen, wer eigentlich Eigentümer des Problems ist. Felix ist es nämlich nicht. Wir sind es, die das Chaos im Hauseingang stört. Deshalb ist es so fruchtlos, ihm ständig Lösungsvorschläge für etwas zu machen, das er gar nicht als problematisch erlebt. Der Konflikt ergibt sich daraus, daß der Flur von allen benutzt wird und sich die Bedürfnisse der Benutzer leider nicht decken. Es bleibt nichts anderes übrig, als die verschiedenen Bedürfnisse zur Sprache zu bringen und gemeinsam nach einem Lösungsweg zu suchen.

Familienkonferenz

Wie man eine solche Verständigung einleiten könnte, dafür gibt es in Thomas Gordons Buch *Familienkonferenz* ein schönes Beispiel:
Mutter: Linda, ich habe es satt, ständig wegen deines Zimmers an dir herumzunörgeln, und ich bin sicher, auch du bist es müde, daß ich deswegen hinter dir her bin. Von Zeit zu Zeit räumst du mal auf, aber meistes steht alles auf dem Kopf, und ich bin wütend. Laß es uns mit

einer neuen Methode versuchen, die ich im Kursus gelernt habe. Wir wollen uns bemühen, eine Lösung zu finden, die wir beide akzeptieren werden – eine, mit der wir beide zufrieden sind. Ich mag dich nicht zwingen, dein Zimmer aufzuräumen, und dich dann deswegen unglücklich sehen, aber ich mag mich auch nicht belastet und unbehaglich fühlen und deswegen ärgerlich mit dir sein. Wie könnten wir dieses Problem ein für allemal lösen? Willst du es versuchen?

Linda: Na schön, ich will es versuchen, aber ich weiß, das Ende wird sein, daß ich aufräumen muß.

Mutter: Nein. Mein Vorschlag ist, daß wir eine Lösung finden, die wir beide akzeptieren können, nicht nur ich.

Keiner weiß, ob die beiden nun tatsächlich eine Lösung finden. Aber die Chancen stehen nicht schlecht, weil die Mutter Linda nicht von vornherein zum Probleminhaber abstempelt und ihr vorschreibt, wie sie ihr Problem zu lösen hat. Statt dessen spricht sie von den eigenen Gefühlen und Nöten und appelliert an Lindas Kooperationsbereitschaft. Und die ist bei Kindern oft viel größer, als man zu hoffen wagt.

Komische Idee

Ein wirklich origineller Vorschlag zur Lösung eines ähnlichen Konflikts findet sich in Ekkehard von Braunmühls Buch *Liebe ohne Hiebe*. Auch hier leidet eine Mutter darunter, daß die Tochter ihre Sachen überall in der Wohnung verstreut – scheinbar unbeeindruckt von allen Schimpfereien. Nachdem sie ihrer Tochter nun schon zigmal erklärt hat, daß sie es leid ist, immer hinter ihr herzuräumen, schlägt sie einen radikal anderen Weg ein. Hier Ausschnitte aus dem fiktiven Dialog zwischen Mutter und Tochter:

Mutter: Ich bin ganz sicher, daß du dir nichts Böses dabei denkst. Aber (daß du dir) gar nichts (dabei denkst) kann nicht sein, denn deine Muskeln lassen die Sachen genau hier in der Wohnzimmertür fallen und nirgendwo sonst. Wenn dein Gehirn gar nichts denken würde, würdest du die Sachen genausogut auf der Straße oder sonstwo fallen lassen.

Tochter: Na ja, ich denke vielleicht: Endlich zu Hause! Und dann denke ich gleich an das, was ich hier machen will. Oder ich will mich ausruhen. Aber auf keinen Fall will ich dich ärgern! Ich vergesse wirklich, daß ich dir damit Arbeit mache.

Mutter: Okay, du bist das spitzenmäßigste Spitzenkind, das ich kenne. Hättest du etwas dagegen, wenn du das in Zukunft nicht mehr vergessen würdest? Ich meine, fändest du das gut, wenn du es in Zukunft schaffen würdest, die Sachen noch bis in dein Zimmer zu schleppen, bevor du deine nächsten Pläne ausführst?

Tochter: Ach Mami, das habe ich mir schon so oft vorgenommen. Immer wenn du mich ausgeschimpft hast. Und ich lasse die Sachen ja auch nicht immer da liegen.

Mutter: Noch mal meine Frage: Hättest du etwas dagegen, wenn du das in Zukunft nicht mehr vergessen würdest?

Tochter: Natürlich nicht.

Mutter: Okay. Dann bitte ich dich hiermit um Erlaubnis, die Sachen wegräumen zu dürfen.

Tochter: Das machst du doch sowieso!

Mutter: Ich möchte sie aber in Zukunft so wegräumen, daß du das mitbekommst. Ich möchte dich also dann jedesmal rufen und um Erlaubnis bitten, aber nicht, damit du es tust, sondern weil ich es tun will. Du brauchst nur zuzuschauen.

Tochter: Das ist eine komische Idee.

Mutter: Mit dieser komischen Idee bringen wir eine andere komische Idee in Ordnung. Mütter haben eben oft komische Ideen. Sie räumen jahrelang ohne zu murren ihren Kindern alles hinterher und wundern sich dann, daß die Kinder sich um nichts kümmern. Im Gehirn der Kinder fehlt einfach ein Stück Erfahrung. Dann räumen die Mütter wieder alles weg, diesmal mit Murren und Schimpfen, aber die Kinder sind schon ganz woanders, und ihre Gehirne kriegen immer noch nicht mit, was da eigentlich fehlt. Im dem entscheidenden Kämmerlein glauben sie an Zauberei. Sie lassen den Ranzen im Wohnzimmer fallen, und später liegt er plötzlich an seinem Platz. Oder er fällt in ihrem Zimmer in eine Ecke, und in der Tür steht eine keifende Mutter. Das macht ihrem Gehirn natürlich Streß. Deshalb wimmelt es das Erlebnis schnell wieder ab, faßt höchstens einen guten Vorsatz, aber es hat absolut keine Lust, das Richtige zu lernen. Wenn wir beide das jetzt anders angehen, wirst du sehen, in ein paar Tagen ist das Problem aus der Welt. Und es macht Spaß.

In von Braunmühls Vorstellung sieht das praktisch so aus: »Sie (die Mutter) braucht nur das Kind hereinzubitten, jedesmal um Erlaubnis zu fragen, und dann nimmt sie genau die Haltung ein, die das Kind hatte, als es Sachen fallen ließ. Sie ahmt scherzhaft seine Mimik nach, fragt das Kind, ob es so stimmt und so weiter. Dann hebt sie die Sachen direkt wieder auf und trägt sie an ihren Platz mit allen möglichen Witzen. (...) Auf diese Weise sind die Probleme in kürzester Zeit erledigt. (...) Klar, wer so was noch nicht ausprobiert hat, glaubt es vielleicht nicht. Aber einen Versuch dürfte es allemal wert sein, verglichen mit dem, was die Leute in solchen Fällen sonst alles veranstalten.«

Ich habe von Braunmühls Vorschlag sofort bei Felix ausprobiert. Die Wirkung war verblüffend. Leider fehlte es mir wieder einmal an der Ausdauer. Aber es hat mich ermutigt, in solchen Konflikten immer wieder die eingespielten Muster der Auseinandersetzung aufzubrechen und nach unkonventionellen Wegen zu schauen.

Abteilung Lego

Vielleicht gibt es ja Kinder, die eine andere Technik bevorzugen. Die Kinder, die ich kenne, bauen jedenfalls alle auf ähnliche Weise mit Lego. Ich meine jetzt nicht die Bau- und Kunstwerke, die sie verfertigen. Die können sehr unterschiedlich ausfallen. Ich meine die Art und Weise, wie sie nach passenden Bausteinen suchen. Ein Heimwerker sortiert Nägel und Schrauben nach Art und Größe. Sie kommen in passende Kästchen, und er freut sich, wenn er mit einem Griff das richtige Teil zur Hand hat. Ähnlich würde ein Erwachsener mit seinen Legosteinen verfahren. Den meisten Kindern scheint so etwas fremd. Als würden sie einem Urinstinkt folgen, schütten sie alle Steine auf den Fußboden und kramen dann in dem Haufen herum, bis sie gefunden haben, wonach sie suchen.

Wir haben alles probiert. Wir haben Kistchen und Kästchen in jeder Größe und Art angeschafft und zweckdienliche Vorschläge gemacht, wie sie zu nutzen sind. Was ist der Erfolg? Einen Teil dieser praktischen Schub-Schränkchen nutzt mittlerweile meine Frau für ihr Nähzeug, einen anderen verwende ich für meine Schrauben. Keines unserer Angebote hat Felix von seiner raumgreifenden Suchmethode abbringen können. Er kippt alle Schubladen auf dem Fußboden aus und fängt wie eh und je an zu kramen. Von anderen Eltern weiß ich, daß ihre Kinder ähnlich vorgehen.

Mittlerweile haben wir uns ganz aus Felix' Legowelt zurückgezogen. Wenn er mit seiner Art glücklich wird, warum sollen wir ihm dann unser System aufzwingen? Wenn er verzweifelt nach Einzelteilen sucht, helfe ich ihm nicht. Aber ich habe ihm gezeigt, wie man beim Legoservice kostenfrei Ersatzteile bestellt.

Außerdem haben wir absolut legofreie Zonen im Haus geschaffen. Jeder Stein, der sich da hinein verirrt, setzt sein Leben aufs Spiel. Das hat Felix mittlerweile begriffen.

Just for fun

Felix macht seine Hausaufgaben nicht gern allein. Wenn er mich darum bittet und ich Zeit habe, leiste ich ihm deshalb Gesellschaft. Um die Hausaufgaben kümmere ich mich nicht, das soll er mit Frau Lindner, seiner Lehrerin, abmachen. Während er arbeitet, lese ich Zeitung, und wenn mir danach ist, frage ich ihn, ob ich ein bißchen aufräumen kann. Ich trage zum Beispiel seine Buntstifte aus allen Ecken des Zimmers zusammen, suche einen Anspitzer und bringe die Stifte in Topform. Das habe ich auch schon in meiner Schulzeit gern gemacht. Ich bin sicher, einen pädagogischen Nutzen für Felix hat das nicht. Warum sollte er den Drang verspüren, meinem Vorbild nachzueifern? Damit er sich angewöhnt, seine Stifte selbst in Ordnung zu halten, muß schon etwas anderes passieren. Aber was? Ich könnte ihn unablässig ermahnen und dazu anhalten, ich könnte alle vagabundierenden Stifte einkassieren, ich könnte ihn loben, wenn er sie ausnahmsweise selbst ordentlich im Federmäppchen verstaut. Ich könnte ein interessantes Spiel daraus machen: »Du sammelst, ich spitze, du sortierst.« Ich will nicht sagen, daß solche Maßnahmen nicht erfolgreich sein könnten. Aber ehrlich gesagt reicht mein Engagement nicht aus, sie durchzuhalten. Gut, ich weigere mich konsequent, ihm neue Stifte zu kaufen, nur weil er seine ständig verschlampt. Unglücklicherweise hat er jedoch zahlreiche Verwandte, Freunde und Bekannte, die nichts sinniger finden, als Felix, dem Schulanfänger, bei jeder Gelegenheit einen Satz wohlgespitzter Buntstifte zu schenken. So viele kann er gar nicht verschusseln.

Wenn er bisweilen von sich aus Ordnung in seinem Federmäppchen schafft, dann deshalb, weil ein gut sortiertes Federmäppchen bei seinen Mitschülern als eine Art Statussymbol gilt. Das scheint ungleich wirksamer zu sein als alle meine pädagogischen Bemühungen. Vielleicht wird auch einmal der Fall eintreten, daß er für ein längerwährendes Projekt unbedingt einen Satz funktionstüchtiger Stifte braucht. Sozusagen als Werkzeug und nicht als Spielzeug. Ich kann mir gut vorstellen, daß er dann viel sorgsamer mit ihnen umgehen wird als gegenwärtig.

Bis dahin gönne ich mir von Zeit zu Zeit das Vergnügen und nehme mich seiner vernachlässigten Buntstifte an. Just for fun.

Mein Zimmer ist mein Königreich

Ich erinnere mich noch gut an eine Diskussion, zu der eine Elternzeitschrift ihre Leserinnen (Leser?) aufgerufen hatte: Das Thema lautete Ordnung im Kinderzimmer: Soll man eingreifen oder sich raushalten?

Die Leserschaft war lebhaft gespalten, mit guten Argumenten für beide Positionen. Diejenigen, die sich fürs Eingreifen aussprachen, hatten vornehmlich Praktisches im Sinn:

»Wie soll ich da staubsaugen, wenn der ganze Boden knöcheltief mit Krimskrams bedeckt ist?«

»Janek mag ja selbst nicht in seinem Zimmer spielen, wenn es so unordentlich ist.«

»Ich will nachts nicht über Spielzeughügel klettern müssen, um Anna bei einem bösen Traum zu trösten.«

»Ich kenne das: Wenn im Kinderzimmer alles vollgemüllt ist, breitet sich Moritz im Wohnzimmer aus.«

»Es ist einfach unhygienisch, wenn tagelang angebissene Äpfel und Kekskrümel rumliegen.«

»Wie soll das Kind Ordnung lernen, wenn es nicht einmal sein Zimmer in Ordnung halten kann.«

»Es ist doch schade um das teure Spielzeug, wenn es achtlos herumliegt und zertreten wird.«

Und einige gaben unumwunden zu:

»Ich kann diese grauenhafte Unordnung einfach nicht ertragen.«

Die Leser, die fürs Nichteingreifen plädierten, argumentierten eher grundsätzlich:

»Das Kinderzimmer ist Privatsphäre. Wie es da aussieht, geht nur das Kind etwas an. Ich lasse mir ja auch nicht vorschreiben, wie es in meinem Zimmer auszusehen hat.«

Hört sich auch ganz gut an, oder? Klingt kinderfreundlich und demokratisch. Und ein bißchen nach Papa. Denn erstens haben Väter häufiger ein eigenes Zimmer als Mütter, und zweitens gehen sie nicht so oft mit dem Staubsauger durch das Kinderzimmer.

Aber ganz sicher hätten die Nichteingreifer auch unter den Müttern noch entschieden mehr Anhänger, wenn Kinderzimmer, die sich kinderfreundlich und demokratisch entfalten dürfen, auch nur halbwegs so aussehen würden wie der Rest der Wohnung. Tun sie aber nicht. Ihr Anblick ist in der Regel ein echter Härtetest in Sachen Toleranz und repressionsfreier Erziehung.

In der Praxis läuft es bei beiden Parteien sowieso meist auf Kompromisse hinaus. Aber eins nach dem anderen. Ich halte viel davon, Kinderzimmer vorbehaltlos als Privatsphäre zu respektieren. Sozusagen als ein fremdes Hoheitsgebiet. Ich klopfe an, bevor ich das Zimmer von Felix betrete und unternehme dort nichts ohne sein Einverständnis. Ich verlange nicht, daß er Spielzeug wegräumt oder Kleidungsstücke aufhängt. Ich räume nichts um, trage nichts raus oder rein. Dafür erwarte ich von ihm, daß er seinerseits die Privatbereiche der anderen Familienmitglieder respektiert. An meinem Schreibtisch hat er beispielsweise nichts zu suchen.

Soweit das Grundsätzliche. Nun aber zu den Grenzfällen.

Kinderkram

Taschenmesser, Luftballon,
Trillerpfeife, Kaubonbon,
Bahnsteigkarte, Sheriffstern,
Kuchenkrümel, Pflaumenkern,
Bleistiftstummel, Kupferdraht,
Kronenkorken, Zinnsoldat,
ja, sogar die Zündholzdose
findet Platz in Peters Hose.
Nur das saubre Taschentuch
findet nicht mehr Platz
genug.

Hans Stempel
und Martin Ripkens

Erster Grenzfall: Die Angst vor dem Unaufräumbaren

Es könnte ja sein, daß Felix eigentlich ganz gerne mal aufräumen würde, aber nicht weiß, wo er anfangen soll. Das Chaos scheint ihm unaufräumbar. Dann ist es ja nichts Schlimmes, Hilfe anzubieten. »Liebes Kind, es mag zwar so aussehen, als wäre das hier nie mehr aufzuräumen, aber du wirst sehen, wenn man erst einmal an einer Ecke anfängt, dann kann man es vielleicht doch schaffen. Und zu zweit geht es doppelt so schnell. Sollen wir's mal versuchen? Möchtest du, daß wir mit den Legosteinen anfangen oder lieber mit den Autos?« Klingt ein bißchen nach Manipulation. Aber wenn das Kind sich in seinem Chaos noch wohl fühlt, kann es ja dankend ablehnen.

Dem Unaufräumbaren rückt man übrigens am besten mit ganz konkreten Arbeitsaufträgen zu Leibe. »Ich sammle jetzt alle Papierschnipsel ein, willst du schon mal Bücher ins Regal stellen?«

Zweiter Grenzfall: Wegerechte

Legitim finde ich es auch zu sagen: »Das ist zwar dein Zimmer, aber wenn du möchtest, daß ich dir abends noch etwas vorlese, stelle ich eine Bedingung: Ich möchte, daß der Weg zum Bett freigeräumt ist und daß es ums Bett herum so aussieht, daß ich mich gerne zu dir setze.«

Das mag sich ein bißchen nach Erpressung anhören: ohne Aufräumen kein Vorlesen. Und die Versuchung, hier Druck zu machen, ist ja auch groß, besonders bei Kindern, die ungern auf die Gutenachtgeschichte verzichten. Deshalb ist es ganz wichtig, das Kind spüren zu lassen, daß es Ihnen nicht um Lohn und Strafe geht, sondern um ein persönliches Bedürfnis. »Mir ist einfach unwohl, wenn ich in dieser Umgebung vorlesen soll.«

Dritter Grenzfall: Saubermachen

Daß sie ihre Zimmer selber fegen, staubsaugen oder wischen, kann man von kleinen Kindern nicht verlangen. Aber verdrecken lassen kann man ihre Königreiche ja auch nicht. Was tun?

Man kommt nicht umhin, individuelle Regelungen mit den Bewohnern auszuhandeln. Zum Beispiel:

»Morgen möchte ich in deinem Zimmer staubsaugen (fegen, wischen, fensterputzen). Das geht nur, wenn der Fußboden freigeräumt ist. Willst du das jetzt gleich machen oder vor dem Abendessen?«

Könnte ja sein, daß das klappt. Wenn nicht, hilft vielleicht ein Hinweis auf mögliche Konsequenzen. »Weißt du, der Staubsauger schluckt alles, was auf dem Boden liegt. Er kann nicht zwischen Kuchenkrümeln und Legosteinen unterscheiden. Aber bevor ich den Staubsaugerbeutel wegwerfe, kannst du ihn ja noch einmal durchsuchen.«

Oder: »Ich habe morgen nicht die Zeit, die Sachen, die dann noch herumliegen, wegzuräumen. Ich werde sie einfach alle hier in den Pappkarton werfen. Du kannst sie ja wieder herausholen, wenn du sie noch brauchst.« In der Tat ist für solche Fälle ein hoher, unhandlicher Pappkarton sehr von Nutzen.

Bleiben Sie dabei aber stets sachlich und freundlich, selbst dann, wenn alle diskreten oder massiven Warnungen ignoriert werden. Lieber die Nerven schonen und sich etwas Praktisches ausdenken. (Im Ernst: Warum nicht die Legosteine mit dem Kehrblech aufs Bett schaufeln?) Am wirkungsvollsten ist es, wenn das Kind selbst drauf kommt, daß es besser die Spielsachen in Sicherheit bringt, als sie dem unkundigen Putzpersonal auszuliefern.

Aber auch hier sollte Verhandlungsspielraum sein. Vielleicht läßt es sich auf Anfrage ja einrichten, daß man um den frisch aufgebauten Tierpark herumsaugt.

Und was ist, wenn Oma zu Besuch kommt? Ehrlich gesagt, ich weiß es nicht. Aber man kann das Kind ja einmal fragen. »Oma hat gerade angerufen, sie will uns morgen besuchen. Du weißt ja, ihr gefällt es, wenn dein Zimmer schön aufgeräumt ist. Willst du ihr den Gefallen tun? Hm?«

Im Grunde muß man dem Kind die Entscheidung überlassen. Und oft haben die Omas ja auch nicht unerheblich dazu beigetragen, daß soviel Krempel im Kinderzimmer herumliegt.

Vierter Grenzfall: Wenn sich Geschwister ein Zimmer teilen

Mein Zimmer ist mein Königreich. Gut. Was aber, wenn sich zwei, drei Könige oder Königinnen ein Reich teilen müssen?

Königreiche sind nun mal knapp in der Etagenwohnung. Oft steht nicht für jeden ein eigenes Zimmer zur Verfügung. Wenn Geschwister ein Zimmer gemeinsam bewohnen (sollen), ist es unwahrscheinlich, daß es dabei immer friedlich zugeht. Geschwister sind gewissermaßen von Natur aus Rivalen. Wenn Sie von ihnen immerzu Brüderlichkeit und Geschwisterliebe erwarten, sind Sie wahrscheinlich als Einzelkind großgeworden. Erfahrungsgemäß gilt: Je geringer der Altersunterschied, desto mehr Streit gibt es im Kinderzimmer. Einem viel jüngeren Mitbewohner sieht man eher etwas nach, und die Interessen liegen meist so weit auseinander, daß es nicht ständig zu Rangeleien kommen muß.

Was aber tun, wenn ein Königskind ein anderes fortwährend mit seiner Unordnung plagt? Und nicht nur das. Da gibt es welche, die machen sich auch noch lustig über die Ordnungsliebe des unglücklichen Mitbewohners: »Wer Ordnung hält, ist nur zu faul zum Suchen!« verkünden sie leichthin. Man merkt, hier geht es nicht bloß um Ordnung, hier reiben sich verschiedene Lebensstile aneinander. Patrick Pedant trifft Susi Sorglos.

Oder: Das eine Königskind braucht sein Königreich, um sich zu sammeln, dem anderen dient es ausschließlich der Zerstreuung. Ganz schön verzwickt.

Ich würde nicht darauf vertrauen, daß Kinder solche Konflikte schon irgendwie selbst regeln. Bisweilen muß man ihnen dabei helfen.

Eines ist gewiß: Mit Appellen allein an Vernunft und Einsicht kommt man auch hier nicht weit. Praktische Phantasie ist gefragt. Die entwickelt man am besten gemeinsam, zum Beispiel auf der Familienkonferenz. Ich glaube nicht, daß jedes Kind gleich ein ganzes Königreich braucht. Ihm steht aber ein Hoheitsgebiet zu, wo es vor Übergriffen geschützt ist. Ein Bereich also, in dem es allein bestimmen darf. Auch in einem gemeinsam bewohnten Zimmer lassen sich solche Bereiche schaffen. Ein Regal als Raumteiler, eine Linie auf dem Fußboden, ein Wandschirm oder Vorhänge markieren Grenzen.

(Hüten Sie sich davor, das Bedürfnis nach Privatsphäre mit Egoismus zu verwechseln. Bei Erwachsenen tut man das ja auch nicht.)

Wenn es ständig Streit um Spielzeug gibt, ist es oft hilfreich, die Besitzverhältnisse eindeutig zu klären – zumindest aber zweifelsfrei festzulegen, wer über was verfügen darf.

Es wird auch Spielzeug geben, das beiden gehört und von beiden genutzt werden darf (weil es unsinnig ist, alles doppelt anzuschaffen). Dann ist es gut, sich gemeinsam über Rechte und Pflichten zu verständigen. Wer darf wie lange damit spielen? Wer muß wann aufräumen? Das gilt auch für die gemeinsam genutzten Verkehrswege. Und ganz wichtig: Immer auch gleich verhandeln, was geschehen soll, wenn sich einer nicht an die Absprachen hält.

Machen Sie aber nicht den Fehler, zu glauben, all das müßten Sie für Ihre Königskinder regeln. Auch Königskinder sind in der Lage, Verhandlungen zu führen, wenn man ihnen vormacht und vorlebt, wie das geht.

Haben unsere Kinder zuviel Spielzeug?

Zum Glück muß ich diese Frage hier nicht erschöpfend beantworten. Ich glaube auch nicht, daß das jemand kann. Was die Ordnung anbelangt, scheint jedoch eines sicher: Wenige Spielsachen lassen sich leichter in Ordnung halten als viele. Oder? Leider geht selbst diese Rechnung nicht immer auf. Ich kenne einen Jungen, der mit dem wenigen, was er hat, in kürzester Zeit eine enorme Unordnung veranstalten kann und dann enorm viel Zeit braucht, sie wieder zu beseitigen. Und das Gegenbeispiel kenne

ich auch: Kinder, die mühelos riesige Bestände von Kuscheltieren, Bausteinen, Büchern und so weiter verwalten. Aber in der Regel ist es schon so: Je mehr Kram, desto größer die Unordnung. Wem es gelingt, die Spielzeugmengen in Grenzen zu halten, der hat bessere Chancen, auch der Unordnung Herr zu werden.

Dazu einige Tips, die wir alle mit mehr oder weniger Erfolg ausprobiert haben.

Wie beim Umweltschutz ist die erste Regel: Vermeiden ist besser als Entsorgen. Aber wie macht man all den lieben Verwandten, Freunden, Bekannten, Nachbarn, Kindergeburtstagskindern, Verkäuferinnen, Kaugummiautomaten und anderen Wohltätern klar, daß das Kind längst genug hat? Sie alle möchten meinen beiden Buben eine Freude machen. Und sie möchten sich daran erfreuen, daß sich die Kinder freuen. Wie kann ich ihnen das verwehren? Am einfachsten wäre es, ich könnte jeden Schenker gleich ins Kinderzimmer führen und freundlich fragen: »Siehst du hier zufällig noch einen freien Platz, wo Felix dein Mitbringsel unterbringen könnte?«

Jeder denkt: »Es ist doch nur eine Kleinigkeit.« So ist das beim kommunalen Müllaufkommen auch. Wenn mich jemand, der mit dem Problem vertraut ist, fragt, was er Felix mitbringen oder zu Geburtstag/Weihnachten/Ostern schenken soll, sage ich,

wenn ich mutig bin: »Am liebsten nichts!«

Wenn ich originell sein will, sage ich: »Irgendwas, was sich auflöst, ohne Spuren zu hinterlassen«, und

wenn ich es ernst meine: »Schenk ihm einen Kinobesuch mit dir, geh mit ihm in den Zoo, schenk ihm etwas von deiner Zeit.«

Froh bin ich, wenn die Eltern der Kinder, die zum Geburtstag eingeladen sind, sich vorher absprechen. Lieber zusammen etwas Größeres schenken, als jeder ein bißchen Kleckerkram.

Schadensbegrenzung

Um der bereits vorhandenen Flut Herr zu werden, haben wir verschiedenes ausprobiert:

- Handliche, stapelfähige Kisten für Bausteine, Murmeln, Muscheln, Autos, Puppen, Krimskrams und so weiter.
- Im Keller haben wir ein Zwischenlager eingerichtet. Da werden Sachen untergebracht, die »vorübergehend« nicht gebraucht werden. Das akzeptiert Felix eher, als wenn man von ihm verlangt, daß er sich endgültig von ihnen trennt.
- Von Zeit zu Zeit gehen wir alle Sachen durch und überlegen, ob sie wirklich noch gebraucht werden und wem man andernfalls damit eine Freude machen könnte. Ich kenne eine Familie, die belädt jedes Jahr einen Bollerwagen mit ausrangiertem Spielzeug und fährt damit zu einem Kinderheim in ihrer Stadt.
- Älteren Kindern kann man vorschlagen, Überflüssiges auf dem Flohmarkt zu verkaufen, um sich von dem Geld Aktuelles kaufen zu können.

Schubladengeister

Kennt ihr die Schubladengeister?
Sie sind Meister
im Verkramen von
Schulheften,
Bleistiften,
Ausweispapieren,
können spielerisch
Radiergummis
und anderen Kleinkram
verlieren,
sitzen als Wachen
über sämtlichen Sachen,
die du gerad suchst.
Und wenn du es wagst
und die Geister
verfluchst,
schwirren sie davon,
als sei nichts geschehen,
und verjubeln dein Zeug
auf Nimmerwiedersehen.
Den Schubladengeistern,
ich sag's im Vertrauen,
kann man gar nicht genug
auf die Finger schauen!
Habe acht,
habe acht,
speziell in der Nacht!
Sie haben schon so manches
beiseite gebracht.

Roswitha Fröhlich

Warnen möchte ich davor, heimlich Sachen aus dem Kinderzimmer zu tragen oder gar wegzuschmeißen. Das stört das Vertrauen, und außerdem wissen wir oft nicht, welche Bedeutung einzelne Dinge für ein Kind haben. Glitzernde Bonbonpapiere zum Beispiel sind für uns Müll, für manche Kinder sind sie wertvolle Schätze. Jede Intervention im Kinderzimmer sollte ernsthaft mit seinen Bewohnern abgesprochen werden. Soweit das Praktische.

Ich bin so satt

Mehr Kopfzerbrechen macht mir die viel unbequemere Frage, die über diesem Kapitel steht: Haben unsere Kinder zuviel Spielzeug?
Wahrscheinlich fühlt sich niemand so recht wohl, wenn er mit dem Überfluß konfrontiert wird, der heute aus manchen Kinderzimmern quillt. Dabei braucht er sich nicht einmal die ungezählten Kinder auf der Welt

zu vergegenwärtigen, denen das Nötigste zum Leben fehlt. Bleiben wir einmal dabei, ob unseren Kindern der Überfluß schadet. In diesem Zusammenhang äußern besorgte Eltern und Erzieher oft die Befürchtung: Wenn die Kinder alles im Überfluß haben, lernen sie den Wert der Dinge nicht kennen und gehen achtlos mit ihnen um.
Das klingt einleuchtend. Ist dieses Argument aber wirklich stichhaltig? Was ist denn etwa der Wert eines Plastikautos? Vielleicht müssen wir da umdenken. Nach meinem Empfinden ist der Großteil der herumliegenden Plastikautos genaugenommen Müll. Wenn ich in einer spielzeugfreien Zone unseres Hauses versehentlich eines davon zertrete, entsorge ich es genauso ungerührt wie unser Altpapier oder die Katzenfutterdosen. Viele Konsumartikel haben heute tatsächlich nicht mehr den gleichen Wert, den sie noch in unserer eigenen Kindheit hatten. Sie werden in riesiger Stückzahl zu Dumpingpreisen produziert und in die Kinderzimmer gepumpt. Kindern in pädagogischer Absicht einreden zu wollen, sie seien wertvoll oder unersetzlich,

entspricht einfach nicht den Tatsachen. Billige Plastikautos sind in erster Linie ein ökologisches Unding, genau wie Joghurtbecher aus Plastik und Getränke in Aludosen. Es scheint mir viel sinnvoller, über diesen Aspekt mit Kindern zu sprechen, als sie zu schelten, wenn sie ihre Plastikautos schlecht behandeln.

Noch etwas kommt mir dazu in den Sinn: Wenn im Herbst unter jedem Kastanienbaum Tausende von Kastanien liegen, wird niemand von einem Kind erwarten, daß es jede einzelne wie

einen Edelstein behandelt. Und selbst wenn es mal Hunderte von Eicheln zertritt, kann ein Kind lernen, daß es Pflanzen und Tiere gibt, die vom Aussterben bedroht sind und die es zu schützen gilt.

Wichtig scheint mir zu sein, daß Kinder den Unterschied verstehen: Es gibt Dinge, die uns im Überfluß zur Verfügung stehen, und solche, die knapp, wertvoll, schützenswert, bisweilen sogar unersetzlich sind. In dieser Hinsicht ist das Kinderzimmer ein Spiegelbild unserer Konsumwelt. Hier können die Kinder den unausweichlichen Umgang mit dem Überfluß genauso lernen wie die Sorgfalt, mit der kostbare Dinge behandelt werden möchten. Problematisch ist nur, wenn alles in ihrer Umgebung den Stempel trägt: Wegwerfprodukt. Es schadet Kindern wirklich nicht, wenn sie bisweilen erfahren, daß wertvolle Spielsachen eben nicht so leicht zu ersetzen sind wie Billigware. Wir haben es in der Hand, ihnen diese Erfahrung zu ermöglichen. Wenn Felix mutwillig Luftballons zerpickt, ist das kein Drama. Wenn ihm jedoch der teure Gasballon davonfliegt, weil er allzu sorglos mit ihm umgegangen ist, müssen wir ihm ja nicht gleich einen neuen kaufen.

Noch einmal zurück zu dem zertretenen Plastikauto. Wenn Felix in dieser Situation kommt und mir glaubhaft beteuert, das sei aber eines seiner Lieblingsautos gewesen, bemühe ich mich um Wiedergutmachung. Schließlich hat er mir ja auch durch seine Reaktion gezeigt, daß er trotz seines gigantischen Fuhrparks sehr wohl unterscheidet zwischen Autos, deren Verlust ihn kaltläßt, und solchen, die ihm ans Herz gewachsen sind.

Kein Futter für die Phantasie?

Eine weitere oft geäußerte Befürchtung: Wo alles im Überfluß vorhanden ist, bleiben Kreativität und Phantasie auf der Strecke. Dem möchte man zustimmen. Aber läßt sich das wirklich so generell behaupten? Wie ist das zum Beispiel mit Lego? Spielen Kinder mit wenig Legosteinen kreativer als mit vielen? Oder sind die Spiele mit vielen Autos von vornherein phantasieloser als solche mit wenigen? Mit einem Auto kann man Familienausflug spielen, mit zweien immerhin schon Unfall. Wettrennen werden erst ab drei Autos spannend. Und Stau? Wie soll man mit einer Handvoll Autos Stau spielen? Mit Lego ist das ähnlich. Mit vielen Legosteinen bauen Kinder eben andere Sachen als mit wenigen. Wie kreativ die nun ausfallen, hat mehr mit dem Ideenreichtum der Kinder zu tun als mit der Anzahl der Steine.

Ich persönlich finde es nicht so schlimm, wenn ein Kind viele Autos, Spielzeugfiguren, Bausteine und Kuscheltiere hat. Aber es geht ja auch um noch etwas anderes: Wir beneiden Kinder um ihre Fähigkeit, mit kargen Mitteln

Rumpelkammer

Was die Großen nicht mehr lieben
oder achtlos von sich schieben,
landet oft zu unserm Jammer
in der dunklen Rumpelkammer.

Alte Hüte, alte Töpfe,
und verbeulte Puppenköpfe,
Regenschirme, Reisetaschen
und zerrissene Gamaschen.

Christbaumkugeln, Faschingsnasen
und gesprungne Blumenvasen,
Vogelbauer, Bügeltücher
und verspeckte Bilderbücher.

Was die Großen nicht verstehen
oder achtlos übersehen,
grade das sind oft die Sachen,
die uns Kindern Freude machen.

Hans Stempel und Martin Ripkens

ganze Spielwelten entstehen zu lassen. In ihrer Phantasie wird die Papprolle zum Fernrohr, der Wattebausch zum Häschen, der Kiefernzapfen zur Rakete, die Astgabel zum Bügeleisen. Geht diese wunderbare Fähigkeit verloren oder kann sie sich gar nicht erst entwickeln, wenn Kinder immer gleich das passende, fertige Spielzeug zur Hand haben? Ist es tatsächlich so, daß erst die Not erfinderisch macht? Ich weiß es nicht. Ich vermute aber, für ein Kind, das gelernt hat zu spielen, ist es ziemlich unwichtig, wieviel Spielzeug es besitzt. Die Frage ist dann: Wie lernt man spielen? Kleine Kinder müssen das Spielen bekanntlich nicht groß lernen, das gehört sozusagen zu ihrer Grundausstattung. Aber ohne Anregungen durch Menschen und Dinge verkümmert diese Fähigkeit. Wie eine solche anregende Spielumwelt aussehen kann, ist nicht schwer zu beschreiben. Der beste Spielplatz ist nach wie vor die Natur, der Wald, die Wiese, der Bach. Die elementaren Sinneserfahrungen, die Kinder in dieser Umgebung machen, sind die Grundlagen für ein vielseitiges Spielvermögen. Wer keinen Wald vor der Haustür hat, holt sich das Elementarspielzeug eben ins Haus, in den Garten oder auf den Balkon. Sand, Steine, Lehm und Wasser müssen auch Kindern in einer Großstadtwohnung nicht vorenthalten bleiben.

Was ist gutes Spielzeug?

Vielseitiges Spielzeug für kleinere Kinder muß übrigens nicht eigens angeschafft werden. Der ganze Haushalt ist voll davon: große und kleine Kartons, Schachteln, Tuben, Fläschchen, Besteck, ausrangiertes Geschirr, Küchengerät, Knöpfe, Büroklammern, Gürtel, Bänder, Stoff und Tapetenreste.

Wo es ums Kaufen und Schenken geht, sind die Tips von Liselotte Pée (*spiel gut*) sehr hilfreich:

- Alter und Entwicklungsstand der Kinder müssen sehr genau berücksichtigt werden. Ein Spielzeug für Zweijährige darf nicht die Geschicklichkeit eines Fünfjährigen verlangen.
- Spielzeug soll die Phantasie anregen und nicht beschränken, wie es zum Beispiel sprechende Puppen mit ihren dürftigen Redewendungen tun. Jedes Kind erfindet mühelos mehr und

bessere Worte für alles, was seine Puppe ihm sagen will.

- Je vielfältiger die Spielmöglichkeiten, desto anregender ist das
  Spielzeug und desto länger bleibt
  es interessant. Mit einem Nach-
  ziehwagen läßt sich vielseitiger
  spielen als mit einem Nachzieh-
  hund.
- Wichtig ist die Größe des Spielzeugs. Kleinkinder bauen besser
  mit größeren als mit winzigen
  Bausteinen. Dafür ist ein riesiger
  Teddy kein so guter Begleiter im
  Bett oder auf Reisen.
- Für jedes Spielzeug ist die richtige Menge zu finden. Mehr Bausteine
  fördern das Bauen, mehr Schienen machen die Eisenbahn interessanter.
  Aber eine einzige Puppe mit spielanregendem Zubehör ist sinnvoller
  als viele Puppen ohne.
- Material und Haltbarkeit müssen dem Spielzweck entsprechen. Aus
  jedem Material läßt sich gutes oder schlechtes Spielzeug herstellen.
  Kleinkindspielzeug muß besonders viel aushalten (aber nicht alles).
  Enttäuschung ist der größte Spielverderber und mindert das Vertrauen
  in den schenkenden Erwachsenen.
- Konstruktion und Mechanik müssen für das Kleinkind besonders einfach
  und immer durchschaubar sein. Aber auch beim Spielzeug für ältere
  Kinder ist eine verstehbare Technik, die Einblick in Funktionsweisen
  schafft, wichtiger als äußere Modelltreue.
- Form und Farbe beeinflussen auch die Spielmöglichkeiten und die
  Vorstellungswelt des Kindes. Zu buntes Baumaterial stört beim Gestalten,
  »drollige« Spieltiere verleiten zu einer sentimentalen, verkitschten Einstellung zur Tierwelt (das Reh wird zum Bambi).

Wunschlos, aber nicht glücklich

Ein letzter Gedanke zu diesem weiten Feld. Mich beunruhigt, daß man immer häufiger von Kindern hört, die sich nicht mehr freuen können. Eher beiläufig nehmen sie Geschenke entgegen, packen sie ohne Zeichen von Neugier aus und legen ein Präsent nach dem anderen beiseite, um das nächste Päckchen zu öffnen. Leuchtende Kinderaugen? Fehlanzeige. Was hat diesen Kindern die Freude verdorben? Ich glaube, es ist weniger der Umstand, daß sie schon fast alles haben, als die Erfahrung, daß sie alles bekommen, was sie sich wünschen. Damit man sich richtig freuen kann, bedarf es der Spannung, der Vorfreude, der Überraschung und auch der Enttäuschung. Bevor man ans Ziel seiner Wünsche kommt, muß man sich gedulden können, selbst eine Anstrengung unternehmen oder auf sein Glück hoffen. Die Wünsche der Wohlstandskinder sind verkümmert zu Bestellungen bei Eltern und Verwandten. Im Katalog kreuzt das Kind an, was es haben will, und prompt wird geliefert. Mal mag das ja ganz schön sein, aber auf Dauer ist dies langweilig. Die anstrengungslose Verfügbarkeit über die Dinge läßt die Gefühlswelt unserer Kinder verarmen. Das macht mir am meisten Sorgen, wenn es um den Überfluß im Kinderzimmer geht.

Und noch etwas …

Die Welt der sichtbaren Dinge

Vor einiger Zeit habe ich mir die Berichtszeugnisse aus meiner Grund-schulzeit angeschaut. Seitdem geht mir eine Passage nicht mehr aus dem Kopf. Da steht am Ende der vierten Klasse: »Lieber Hermann, es liegt ein reiches Arbeitsjahr hinter Dir, in dem manches Gute und Schöne in Dir wachsen konnte. Doch die flüchtige, etwas gleichgültige Art dem äußeren Ansehen der Dinge gegenüber hast Du leider noch nicht überwunden. Lieber Hermann, es muß Dir jetzt gelingen, allem was Du schaffen willst, die gemäße Form zu geben. Du mußt verstehen, wie sehr Du all dem schadest, was Du aus guter Gesinnung und gutem Bemühen in die Welt der sichtbaren Dinge hereintragen willst, wenn es so unansehnlich gestaltet ist, daß keiner sich daran freuen mag. Kein Mensch, der Dich nicht gut kennt, kann sich vorstellen, daß in der so lieblos-ungepflegten Hülle wirklich etwas verborgen sein könnte.«

Und an anderer Stelle heißt es: »Aber Hermann, Deine Schrift! Denke doch daran, daß alles Kostbare sorgsam verwahrt werden will! Warum gibst Du Deinen schönen Aufsätzchen kein besseres Kleid?«

Vielleicht haben Sie es gleich herausgehört: Hier spricht eine anthropo-sophische Lehrerin. Ich weiß nicht mehr, wie ich seinerzeit ihre Worte aufgenommen habe. Heute rührt mich die ernste Besorgnis an, die aus ihnen spricht. Besorgnis nicht nur um meine Schullaufbahn, sondern um meine gesamte Lebensführung. Es klingt für mich wie ein eindringlicher Appell, den mir meine Lehrer noch mitgeben wollten, denn nach der vierten Klasse habe ich ihre Obhut und Schule verlassen, um ein reguläres Gymnasium zu besuchen.

Noch etwas anderes beschäftigt mich. Ich bin nicht sonderlich vertraut mit der anthroposophischen Weltanschauung, will auch nicht das Für und Wider hier erörtern. Aber das mit der »Welt der sichtbaren Dinge« hat mich zweifeln lassen, ob Ordnung wirklich vorwiegend ein rein praktisches

Problem ist. Zum einen erinnert es daran, daß sich Austausch und Verständigung zwischen Menschen nicht nur im Reich der Sprache abspielt, sondern genauso in der Welt der sichtbaren Dinge. Dazu gehören nun einmal Kleidung, Körperpflege, Handschrift und die ganze Art und Weise, in der wir mit den sichtbaren Dingen umgehen. Wer die Dinge um sich herum nachlässig behandelt, muß damit rechnen, daß seine Mitbürger ihn für einen nachlässigen Menschen halten. Die edlen Motive in seinem Inneren bleiben ja leider so lange unsichtbar, bis er ihnen eine angemessene Form gibt. Und andererseits haben diejenigen bei ihren Mitmenschen einen Sympathiebonus, die sorgsam und pfleglich mit der sichtbaren Welt umgehen – ganz gleich, welche Motive sie dazu veranlassen ...

Das ist der eine, der weltliche Aspekt. Der andere geht mehr ins Spirituelle. Am Ende meines Zeugnisses steht: »Lieber Hermann, denke manchmal an diesen Spruch, der Dich geleiten soll:

Was Du tust mit Deinen Händen,
das soll schön und edel werden;
Menschenarbeit nur kann spenden
Himmelsabglanz dieser Erden.«

Heute verstehe ich das etwa so: Von allen Lebewesen ist es dem Menschen vorbehalten, etwas Himmlisches in die sichtbare Welt zu tragen. Das gibt ihm zugleich die Verantwortung und die Sorgfaltspflicht für alles, was er mit seinen Händen gestaltet.

(Und wer weiß – womöglich fängt das ja schon im Kinderzimmer an ...)
Zuviel Pathos? Mag sein. Aber vielleicht bringt es die einen oder anderen
in ähnlicher Weise zum Nachdenken wie mich.

Loben Sie Ihr Kind nie, wenn es aufräumt

Einige sehr bemerkenswerte Gedanken und Anregungen zum Aufräumen
finden sich in den Büchern der Anthroposophen. Freya Jaffke etwa schreibt:
»Spielen und Aufräumen gehören zusammen wie das Ein- und Ausatmen,
wie Schlafen und Wachen. Daher ist es sinnvoll, am Ende einer Spielzeit
oder in der Familie am Ende eines Tages eine spezielle Aufräumzeit
einzuplanen, in der der Erwachsene und mit zunehmen-
dem Alter die Kinder die Umgebung ordnen und jedes
Ding an seinen gewohnten Platz bringen. Wenn diese
Zeit in gleicher Weise wie das Kochen, Essen oder
Spazierengehen an Bedeutung gewinnt, dann wird sie
bald nicht mehr als Last, sondern als selbstverständliche
Gewohnheit empfunden. Freude und Befriedigung entstehen. Und aus der wohlgeordneten Umgebung werden
die Kinder dann in den Schlaf begleitet oder zu anderen
Ereignissen geführt.

Wenn die Spielzeuge in Regalen mit einem Vorhang untergebracht sind,
so können die verschiedenen Körbe usw. nicht nur leicht gefunden, sondern
auch leicht aufgeräumt werden. Eine Spielzeugkiste, in die einfach alles
hineinkommt, was herumliegt und die dann zugedeckt wird, ist nicht zu
empfehlen. Sie verleitet weder zur Sorgfalt noch zum Ordnen; sie birgt
nur ein Durcheinander.

Oft entstehen Probleme mit dem Aufräumen nur dadurch, daß von Kindern
vor dem sechsten Lebensjahr zuviel erwartet wird. Mit Ermahnungen wie:
›Du bist ja schon groß und kannst schon alleine aufräumen‹, findet sich
ein Kind vor einer Aufgabe, der es nicht gewachsen ist. Im Miteinandertun
kann der Begriff ›aufräumen‹ in lebensvolle Bilder verwandelt werden.
›Der Zug muß in den Bahnhof fahren, die Schiffe in den Hafen, der
Möbelträger stellt die Stühle an den Tisch.‹ Bis etwa zum dritten Lebensjahr

werden die Kinder eifrig mit dem Erwachsenen alles einsammeln und in Körbe füllen, ob in die jeweils richtigen Körbe, ist nicht in jedem Fall zu erwarten, doch wird es der Erwachsene pfleglich so tun. Allein die Tätigkeit des Einsammelns oder Hin- und Hertragens von Dingen ist überschaubar und nachahmbar. Zwischen dreieinhalb und fünfeinhalb Jahren ist das Aufräumen oft mit Spielprozessen verbunden. Heißt es zum Beispiel ›Bauhölzer in einen großen Korb bringen‹, so kann man sehen, wie ein viereinhalbjähriger Bub mit einer langen Rinde eine Kippvorrichtung baut und Stück für Stück darüber in den Korb rollen läßt. Oder beim Zusammenfalten von Tüchern fällt einem plötzlich eine Bügelmaschine ein, und die schmal gefalteten Tücher werden langsam um einen kleinen Hocker gezogen und dann fertig gefaltet.

Solche Beispiele zeigen, daß Aufräumen nicht in Eile geschehen sollte. Man wird jedoch aufmerksam abzuwägen haben, wann sich das Aufräumen zu sehr ins Spielen verliert, so daß neue Aufräumimpulse gesetzt werden müssen.

An Kinder zwischen fünf und sechs Jahren können überschaubare Aufräumvorgänge übertragen werden: die Puppenecke ordnen, im Kaufmannsladen die Kerne sortieren und die Körbe, Gläser und Schachteln an den richtigen Platz stellen. Mit Beginn der Schulzeit kann den Kindern mehr und mehr Selbständigkeit beim Aufräumen zugemutet werden. Mitunter werden sie jedoch noch auf den Blick und ein helfendes Wort der Erwachsenen angewiesen sein.

Während der Spielzeit sollte man die Kinder in der Regel nicht durch rechtzeitiges Aufräumen unterbrechen. Mancherorts werden Kinder daran gewöhnt, vor dem Holen eines neuen Spielzeugs das alte erst aufzuräumen. Das bedeutet aber jedesmal ein Neubeginnen und verhindert ein reiches, sich wandelndes Spielen.

Eltern und Erzieher, die Freude am Aufräumen haben und dies auch den Kindern vermitteln, können mit Lob zurückhaltend sein, denn sie werden bald feststellen, daß die Aufräumzeit zur Selbstverständlichkeit wird.«

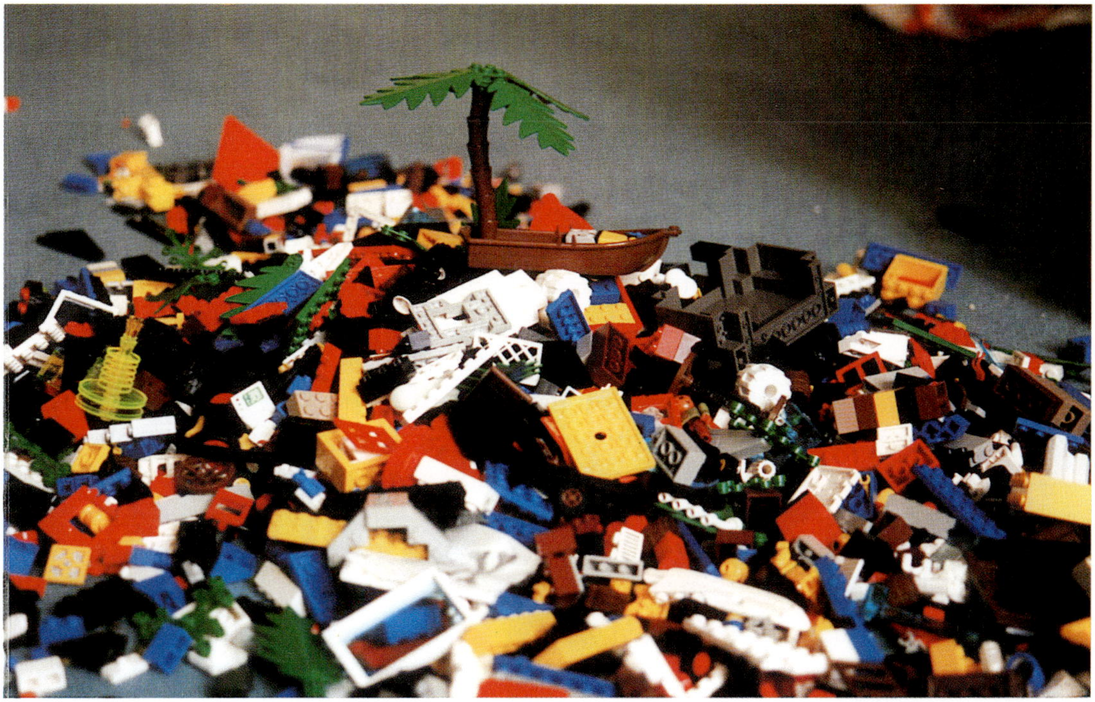

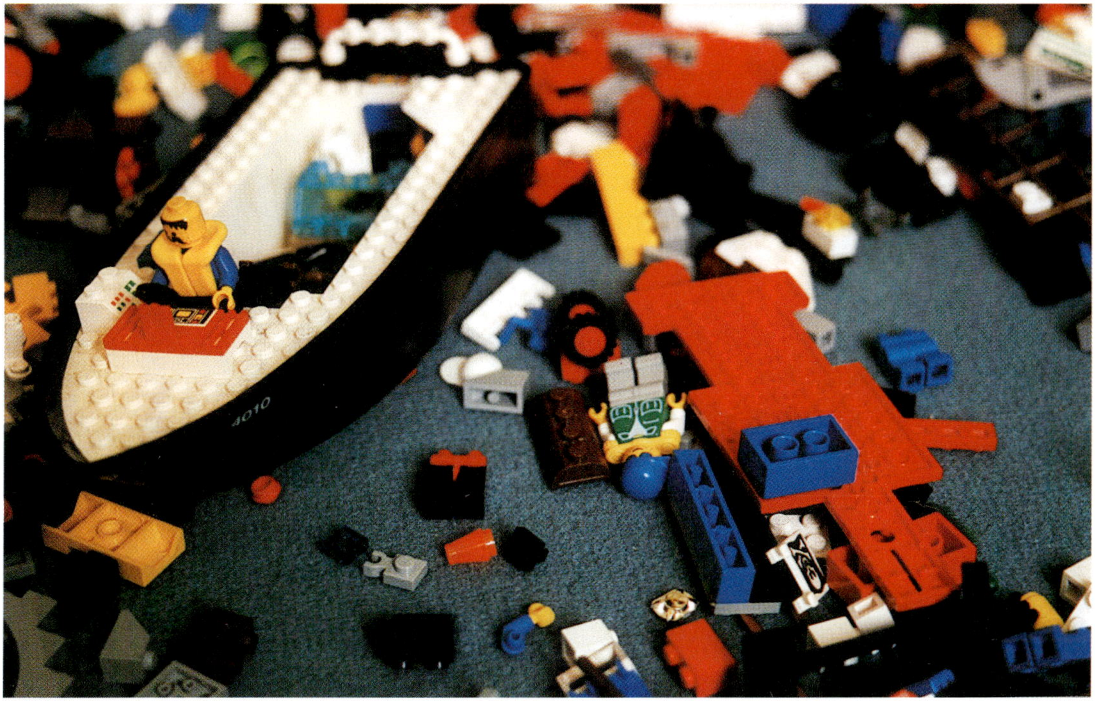
4010

Wie machen es die Profis?

Mit dem mangelnden Interesse, das Kinder dem Aufräumen entgegenbringen, müssen sich nicht nur Eltern herumquälen. Im Kindergarten ist das Problem keineswegs geringer, obwohl man meinen könnte, es gäbe dort viele hilfreiche Hände, die das Aufräumen flott erledigen. Von ihren Erfahrungen in einer Kindertagesstätte berichtet Maria Caiati:

»Unsere Einstellung dem Aufräumen gegenüber überträgt sich auf die Kinder. Wenn wir es selbst als eine Last empfinden und es ungern tun, wird es für alle Beteiligten eine unangenehme Aufgabe. Anstatt es eine qualvolle zwanghafte Beschäftigung werden zu lassen, soll es eine Betätigung sein, die mit angenehmen und positiven Gefühlen verbunden ist. Wir machen uns immer wieder Gedanken darüber, und so verändert sich manchmal die Form des Aufräumens. Trotzdem gibt es feste Regeln, die grundsätzlich eingehalten werden.

Jedes Kind darf sich selbst aussuchen, was es aufräumen will, egal womit es gespielt hat und ob es überhaupt gespielt hat.

Manchmal sind die Kinder müde, weil sie sich während des Freispiels sehr verausgaben. Sie können sich ausruhen und dann den Rest aufräumen.

Auch die Dreijährigen räumen auf; wenn sie nicht wissen, was und wo, dann bekommen sie eine kleine Aufgabe zugeteilt.

Manche Kinder packt manchmal die Ausräumwut, doch anschließend bewältigen sie das entstandene Chaos alleine nicht. Wenn sich niemand anbietet, das Chaos aufzuräumen, dann sind die Urheber selbst verantwortlich, bekommen aber eine Hilfe zugeteilt. Wenn sich die Chaosverursacher öfters aufzuräumen weigern, begrenzen wir an den folgenden Tagen das Ausräumen.

Die Kinder dürfen während des Freispiels mehrere Spiele beginnen, ohne dazwischen aufzuräumen. Sie verlassen die Puppenecke oder die Bauecke, den Maltisch oder eine gebaute Höhle. Wenn allerdings eine Höhle zerstört wird, also unbewohnbar ist, müssen die Decken bzw. der Platz wieder aufgeräumt werden.

Manchmal fangen kleine Gruppen an aufzuräumen, während andere Kinder ihr Bauwerk, Experiment, Bild, Rollenspiel ... zu Ende bringen

können. Es ist frustrierend, etwas Angefangenes
nicht bis zum Ende durchführen zu dürfen.
Manchmal räumen wir alle Spielsachen in die
Mitte des Raumes, und einer ist der Verkäufer, der
die einzelnen Sachen anbietet. Da gehen die
Spielsachen weg wie warme Semmeln. Die Kinder
haben großen Spaß an diesem Verkaufspiel.

Manchmal wird während des Aufräumens gesun-
gen (selbst ausgedachte Juxlieder) oder eine Schall-
platte aufgelegt.
Meistens setzen wir uns vor dem Aufräumen zu-
sammen und besprechen, was danach getan wird.
Ganz besonders flink wird aufgeräumt, wenn ein
Kasperltheater oder das »Peterle« (eine Handpup-
pe, die die Kinder sehr lieben) oder irgendeine
Besonderheit angekündigt werden.
Mit all diesen Ideen ist Aufräumen keine lästige Sache mehr, sondern eine
Tätigkeit mit eigenem Wert, zu der man sich auch genügend Zeit nimmt.
Aber vielleicht ist es bei uns auch einfacher, weil wir viele Spielmaterialien
haben, die sowohl beim Rausräumen wie beim Aufräumen viel hermachen.
Mit nicht allzuvielen Handgriffen ist der Effekt vorher – nachher, zum
Beispiel beim Deckenzusammenlegen, sehr deutlich. Man hat schnell das
Gefühl, viel vollbracht zu haben.«
Mir ist bei diesem Bericht klargeworden, wie bedeutsam die eigene Haltung
ist. Wer Kindern bewußt oder unbewußt unablässig signalisiert, Aufräumen
sei eine höchst lästige und unangenehme Angelegenheit, muß sich nicht
wundern, wenn sich die Kinder davor drücken, wo immer sie können.
Der Unordnung und dem Aufräumen lassen sich aber auch positive Seiten
abgewinnen. Dazu noch einmal Maria Caiati:
»Positiv sehen. Kurz vor Beendigung des Freispiels setze ich mich erschöpft
und auch etwas entsetzt über das große Durcheinander im Zimmer neben
Senad auf einen Tisch. Durch das Zimmer blickend, murmele ich halblaut
und etwas verzweifelt vor mich hin. ›Das ist heute aber ein schlimmes
Chaos.‹ Senad lächelt und antwortet: ›Nein, das ist ein schönes Muster,
das müßte man aufhängen. Schade, daß man das nicht kann.‹«

Ertappt

Möchten Sie wissen, liebe Eltern, wie schusselig mein Felix sein kann? Kürzlich holte ich ihn bei seiner Freundin Linda ab. Ich sagte: »Pack deine Sachen, zieh dir Schuh und Strümpfe an, wir wollen gleich los.«
Ich hatte noch ein wenig Zeit, mit Lindas Eltern zu plaudern. Nach geraumer Weile erscheint Felix, einen Socken am Fuß, und sagt: »Ich find den anderen Socken nicht. Gerade war er noch da.« Weil ich los wollte, helfe ich suchen. Linda und ihre Eltern helfen auch. Drei Erwachsene und zwei Kinder gegen einen einzelnen Socken. Das muß doch zu schaffen sein. Denkste. Der Socken bleibt unauffindbar. »Gut, dann nehmen wir ihn das nächste Mal mit«, will ich gerade sagen, da habe ich eine Eingebung. »Sag mal Felix, hast du den Socken vielleicht über den anderen gezogen?« Felix krempelt und grinst. Tatsächlich: Er hat es fertiggebracht, beide Socken nacheinander über denselben Fuß zu ziehen.
Eine Bekannte, der ich dies erzählte, bringt mich auf die eigentliche Pointe der Geschichte. »Und wieso«, fragt sie, »hast du geahnt, wo der Socken steckt? Hm? Doch nur, weil dir das auch hätte passieren können.«

Erfahrungen von anderen Eltern

Macht Chaos chaotisch oder kreativ?

Wie es sich auswirkt, wenn man Kinder hartnäckig zur Ordnung anhält

Noch gut erinnere ich mich an das Gezeter meiner Mutter, wenn sie sich bis zu zwanzigmal am Tag über das Chaos im Zimmer meines Bruders aufregte. Mein Bruder war sicherlich von uns drei Kindern dasjenige, das am wenigsten auf Ordnung hielt, bei dem aber auch – trotz des Gezeters – am wenigsten auf Ordnung bestanden wurde. Zwar hatte er zu der Zeit, an die ich mich erinnern kann, mit seinen zwölf Jahren entscheidende Phasen seiner Erziehung bereits hinter sich, aber in den Jahren vorher wird es genauso zugegangen sein.

Mittlerweile hat sich sein Chaos, soweit ich das aus der Entfernung einschätzen kann, in eine sehr zweckmäßige Ordnung verwandelt, für die er nicht viel Zeit investieren muß. Überhaupt war er schon immer derjenige, der am effektivsten mit seiner Zeit umgehen konnte, und derjenige, der trotz Chaos am schnellsten fand, was er suchte.

Inzwischen habe ich selbst zwei Kinder. Ich hatte mir von Anfang an vorgenommen, daß ich ihnen und mir nicht mit dieser ständigen Nerverei, wie ich sie von meiner Mutter kannte, die Tage vermiesen wollte. Das Beispiel meines Bruders ließ mich obendrein zweifeln, ob es überhaupt gut ist, ein Kind zur Ordnung anzuhalten. Doch eine wirklich befriedigende Antwort habe ich auf diese Frage bis heute nicht gefunden.

Als meine Tochter zweieinhalb Jahre alt war, habe ich damit begonnen, sie zum Aufräumen zu drängen. Einerseits, weil unsere Wohnung klein ist und ich Unordnung nur in Maßen ertragen kann, andererseits, weil mir auffiel, daß sie sich fast immer nur für die aufgeräumten Dinge interessierte. Was einmal irgendwo reingestopft worden war, was auf dem Boden rumlag, mit dem wurde nur selten noch einmal gespielt. So hat sich bei mir die Überzeugung entwickelt, daß Kinder ein gewisses Maß an Ordnung einfach brauchen.

Anfangs dachte ich nun noch, es reicht, wenn einmal in der Woche aufgeräumt wird. Und ich hoffte darauf, daß Leila das Chaos selbst stören würde. Doch weit gefehlt. Nach drei Tagen war Leila stinksauer, weil sie nichts mehr fand und weil ihr kein Platz zum Spielen blieb. Die übrigen Zimmer mußten dran glauben, und schließlich hing sie nur noch quängelnd an mir und wußte nichts mehr mit sich anzufangen. »Meine Sachen sind langweilig. Ich will, daß du mit mir spielst.«

Also bestand ich hartnäckig jeden oder jeden zweiten Tag auf einer Aufräumaktion, bis ich es endgültig leid war, meiner Mutter im Tonfall immer ähnlicher zu werden. Ich erklärte Leila: »Wenn du mit etwas gespielt hast, dann räumst du es auf, bevor du das nächste aus dem Schrank nimmst.« Mein inzwischen dreijähriger Sohn beherrscht das dank dem Vorbild seiner großen Schwester schon erstaunlich gut. Seither kommt es nur noch selten zu dem für beide Seiten so quälenden Rumgestreite. Manchmal habe ich sogar das Gefühl, es macht beiden Spaß, vor allem wenn es gelingt, das Aufräumen als Spiel zu sehen. So weit, so gut. Doch über die Langzeitwirkung meines Vorgehens bin ich mir nicht im klaren. Wie wirkt sich das im späteren Leben meiner Kinder aus, wenn ich jetzt auf Ordnung bestehe? Ist die oben beschriebene Entwicklung meines Bruders nur ein Zufall? Manchmal habe ich tatsächlich den Eindruck, daß Kinder, die im Chaos großgeworden sind, später sehr viel eher die Fähigkeit besitzen, sich im Chaos zurechtzufinden. Vielleicht entwickeln sie ja wirkungsvollere Ordnungssysteme als Menschen, die man immer zur Ordnung gedrängt hat. Sie brauchen nicht unverhältnismäßig viel Energie und Zeit auf die Herstellung einer Ordnung verwenden, die ihnen von außen aufgedrückt wurde. Möglicherweise kann man sogar noch weiter gehen und sagen, daß das Aufzwingen bestimmter Ordnungsstrukturen nicht die Fähigkeit beschränkt, Arbeit individuell und kreativ zu strukturieren. Doch sicher bin ich mir nicht. Und es würde mich nicht wundern, wenn ich eines Tages vom Gegenteil überzeugt werden müßte.

Sabine Eppler

Großbaustelle Wohnzimmer

Wenn das Wohnzimmer durch phantasievolle Bauwerke für Erwachsene unbrauchbar wird

»Ist mein Vogelnest noch aufgebaut?« Erste Frage am frühen Morgen. Vogelnest? Ich überlege. Ach, du lieber Gott! Das riesige Gebilde aus Kissen, Decken und Polstern in unserem Wohnzimmer war das Vogelnest. »Du hast das Vogelnest kaputtgemacht. Das ist gemein.«

Und ich dachte noch, wunder, was ich tue: selbst alles aufräumen und nicht schon wieder die Kinder damit piesacken. »Wir haben gestern so schön Vogelhochzeit gespielt, und jetzt ist das ganze Nest kaputt.«

Und wieder einmal fühle ich mich auf der Anklagebank. Ich möchte zu meiner Verteidigung anführen: »Das ist auch mein Zimmer. Ich fühle mich nicht wohl in einem solchen Durcheinander. Ich möchte es mal schön haben.«

Aber – es trifft den Kern der Anklage nicht ganz. Ich habe ein Stück Kinderkreativität zerstört, ein Werk aus Phantasie und Freude fiel meiner Aufräumwut zum Opfer.

Das war schon öfter so, seit Christian derlei Spiele liebt. Einmal war es der Tigerkäfig, ein andermal die Räuberhöhle und dann das Indianerzelt. Allesamt mysteriöse Bauwerke aus Polstern, Stühlen, Decken, Schaukelpferd.

Vor gar nicht langer Zeit war das gesamte Wohnzimmer in ein Zirkuszelt verwandelt worden, kein Stein schien mehr auf dem anderen zu liegen – aber die Kinder waren glücklich. Mein dringlicher Appell: »Vor dem Schlafengehen räumt ihr aber alles auf!« wurde nach kurzem Murren prompt befolgt, aber die herrlich unbeschwerte Stimmung wollte am nächsten Tag nicht wiederkehren.

Am Abend bin ich voll guten Willens. Heute lasse ich alles aufgebaut. Das riesige Schloß aus Bausteinen gefällt mir schließlich selbst so gut. Wie wird sich Sebastian am Morgen freuen!

Als er aber am Morgen zur Tür hereinkommt, sagt er nur: »Heu! Warum hast du das stehenlassen? Das brauche ich nicht mehr.«

Und schon fliegt alles in die Kiste mit den Bausteinen. Wie man's macht …

Heidemarie Brosche

Chaos hoch 3

Der ganz normale Wahnsinn beim Frühstück

Die Butterbrezel fragt sich, was der farbträchtige Pinsel neben ihr auf dem Frühstücksbrettchen zu suchen hat, das Nilpferd aus dem Überraschungsei fährt im Traktor Slalom zwischen verschmierten Teegläsern. Schmutzige Hundepfoten verewigen sich gerade auf dem Teppich, orangefarbene Zahnpasta suhlt sich im Waschbecken neben Cremetupfen, eine Portion Kakao überschwemmt den Tisch und sammelt sich wieder zu einer Pfütze am Fußboden. Staub starrt auf dem Fensterbrett, die Narzissen schreien nach Wasser, die Kinder aus der Badewanne um Hilfe. Berge von Wäsche treiben den Wäscheständer zum Wahnsinn. Die Sahnetorte möchte ich lieber an die Wand klatschen, als sie liebevoll zuzubereiten. Während die Kakaopfütze immer größer wird, huscht mir die Frage durch den Kopf, ob wohl meine Ideale mich umbringen oder ich sie. Ein Hund erbarmt sich der Pfütze, und ich leere den Aschenbecher aus. Zeitungen sind am Boden verstreut, Hundehaare halten die Zimmerecken besetzt, und die große Tochter kommt mit dem Fön. Leider kann ich nicht hexen wie Bibi Blocksberg. Das Laub im Garten laubt vor sich hin und verzehrt sich vor Sehnsucht nach dem Besen. Der Sohn bringt eine Eisenbahnschiene, und weil ich sie nicht sofort auf der Stelle montieren will, wirft er sie mir an

den Kopf. Die kleine Tochter sucht ihren Zahn, um ihn heute nacht für die Zahnfee bereitzulegen. Während ich meine Beule kühle, trifft ein Ball den Hundewassernapf, und das Wasser spritzt nach allen Seiten. Wenigstens ist die Kakaopfütze verschwunden, und ich frage mich, warum es nicht auch eine Spülfee gibt. Die große Tochter wählt im Versandkatalog ihre Frühjahrsgarderobe aus, und im Radio singt Rod Stewart ein sanftes Liebeslied. Ach ja. Im Backofen riecht es brenzlig, der Mann meiner Träume hat es auch nicht leicht. Der Bonbondose droht der Überfall, meine Wut hat es auch schon wieder auf mich abgesehen. Die Abwehr gelingt mir in beiden Fällen. Die große Tochter ist fertig mit dem Katalog und erzählt mir den neuesten Witz. Meine Beule hört auf zu schmerzen. Während ich die Sahne rühre, landet ein Feuerzeug in der Sahneschüssel, geführt von der Hand des Sohnes, gefolgt von einer Eierschale. Ich entferne die Fremdkörper, nehme einen Schluck Kaffee und höre mir noch einen Witz an. Inzwischen ist das Sahnesteif auf dem Fußboden verstreut. Die kleine Tochter kriegt die Apfelsaftflasche nicht auf, der großen Tochter fällt kein Witz mehr ein, der Appetit auf Sahnetorte ist mir schon lange vergangen, und das Feuerzeug funktioniert nicht mehr. Ich finde eine blaue Murmel im Blumentopfuntersetzer zur Freude des Sohnes, und es gelingt mir blitzschnell, die Schokostreusel auf die Torte zu werfen. Das Radio schweigt inzwischen. Die große Tochter schweigt nicht. Ihr ist doch noch ein Witz eingefallen. Mir fällt nichts mehr ein. Ich muß meine Notizen in Sicherheit bringen, damit sie nicht erdbeermilchdurchtränkt im Mülleimer landen oder von aprikosenmarmeladigen Kinderfingern als Papierflieger nach Gamma 734 katapultiert werden.

Irmgard Höfner

Nachtarbeit

Was passieren kann, wenn man die Spielsachen der Kinder ein bißchen zusammenräumen will

Verrückt! Wirklich verrückt! Ein Uhr nachts, und ich sitze – nicht etwa im Bett, nein! Auf dem Wohnzimmerboden sitze ich und baue eine Landschaft auf. Historische Gestalten wie Seeräuber und Ritter, kleine und große Fahrzeuge wie Rennautos, Kehrmaschine, Flugzeuge. Schwinge mich nicht nur in die Lüfte, sondern entferne mich ins Weltall mit Astronauten und zukunftsträchtigen Flugobjekten.
Ein bißchen fühle ich mich dabei wie der vielzitierte Vater, der seinem Sohn eine elektrische Eisenbahn kauft, um endlich selbst damit spielen zu können. Ohne Zweifel, diese Spielsachen gehören meinen Söhnen. Eigentlich wollte ich ja auch nur Ordnung in ihr Chaos bringen. Damit

sie wieder besser spielen können. Jetzt aber hat's mich selbst gepackt. Ich baue, setze zusammen, studiere Pläne. Nur noch den Anhänger, nur noch das Schloßgespenst, nur noch … Und so vergeht die Zeit. Ich kann einfach nicht aufhören. Und während alledem genieße ich den Gedanken, daß ich um diese Uhrzeit störungsfrei »arbeiten« kann. Daß keiner kommt, der mir erklärt, wie man auch konstruieren könnte. Daß alles genau so aufgebaut bleibt, wie's mir gefällt.

In wenigen Stunden, wenn die Nacht zu Ende ist, werden meine zwei vor Entzücken niedersinken, mein Werk bewundern und dann auf ihre Art zu spielen beginnen. Nichts wird mehr sein, wie es war. Mein herrliches Arrangement wird übers Wohnzimmer verteilt und nicht mehr zu erkennen sein. Die Kinder werden mit meinem Werk agieren, glücklich, begeistert, mit vor Konzentration geröteten Wangen. Irgendwann wird es sich dann ausgespielt haben, und ich werde mit einem Anflug von Wehmut auf die Reste meiner Nachtarbeit blicken.

Ich werde Astronauten ohne Beine finden, Autos, die so nie fahren könnten, einen Traktor mit Seeräuber auf dem Fahrersitz, Ritter an Bord von Raumschiffen, Mechaniker mit Augenklappe. Kurz und gut: Es wird alles anders sein. Ganz anders, als ich es mir so schön ausgedacht habe.

Bis dahin möchte ich mich noch ein wenig an meiner Ordnung der Dinge ergötzen. Obwohl es langsam wirklich Zeit fürs Bett wird.

Heidemarie Brosche

Der Sternenkobold

Nachts, wenn du schläfst,
steig' ich hinauf
und spiele mit den Sternen.

Der gute Mond
schwirrt ungewohnt
auf meinem Regenbogen,

und wenn ich will,
kommt flink und still
ein Sternschnupp angeflogen.

Ich roll' durchs All
den Sonnenball;
doch eh der Tag bricht an,

geschwind ich schick'
sie all' zurück
auf die gewohnte Bahn.

Hermann Krekeler

Manfred Superfix

Von der schleichenden Entsorgung mit mehrfacher Zwischenlagerung

Als ich am Montag meine Tochter aus dem Kindergarten abhole, bringt sie ein imposantes selbstgebasteltes Gebilde in der Größe eines Schuhkartons mit, das sie Manfred Superfix nennt und das eine Art Multifunktionsapparat ist.

Doch damit nicht genug – ihre Tasche kann die Flut der gemalten Bilder kaum aufnehmen. Natürlich bewundere ich die Zeugnisse kindlicher Kreativität gebührend, räume dem superfixen Schuhkartongebilde einen Ehrenplatz im Wohnzimmer ein, schmücke die Küchentür mit den Gemälden.

Am Ende der Woche ähnelt unsere Wohnung einer Ausstellung für Moderne Kunst, denn Manfred Superfix bleibt natürlich nicht allein. Meine Tochter läßt dem Schuhkartongebilde ähnlich monströse, aber phantasievolle Kunstwerke folgen. Da ich davon ausgehe, daß ihre Produktivität weiterhin anhält, werden sich über kurz oder lang Platzprobleme ergeben. Was aber soll mit Manfred Superfix und den anderen Kunstwerken geschehen? Eine direkte, kaltblütige Entsorgung in Richtung Mülltonne kommt selbstverständlich nicht in Frage. Schließlich bin ich keine Rabenmutter! Ich weiß die Kreativität meiner Tochter zu schätzen. Andererseits stehe ich dieser gewaltigen Masse kreativer Erzeugnisse doch recht hilflos gegenüber. Verzweifelt suche ich nach einer Lösung und entwickle schließlich ein System schleichender Entsorgung mit mehrfacher Zwischenlagerung.

Also wandern Manfred Superfix und seine Artgenossen zunächst ins Kinderzimmer. Hier werden sie unter der Sitzbank gelagert, weil sie dort nicht allzusehr stören. Meine Tochter kann sich ihre gebastelten Schätze aber jederzeit wieder hervorholen.

Nach einer angemessenen Zeit befördere ich die Kunstschätze in den Keller und lagere sie zwischen, an sichtbarer Stelle, etwa auf der Waschmaschine, bevor sie ihrem letzten Zwischenlager, einer großen Mülltüte im Keller, zugeführt werden. Immer noch bin ich jederzeit in der Lage, Manfred Superfix wieder ans Tageslicht zu befördern, falls meine Tochter nach ihm fragen sollte.

Den Verbleib in Zwischenlager drei – Mülltüte im Keller – bemesse ich großzügig. Erst als ich ganz sicher bin, daß die Periode der Pappschachtelkunst in Vergessenheit geraten ist, wage ich den letzten entscheidenden Schritt. Unter größter Geheimhaltung mache ich mich auf, den Inhalt der Mülltüte dem Papiercontainer in unserer Siedlung einzuverleiben.

Doch auch dieses scheinbar perfekte System hat seine Schwachstellen. Als ich gestern vom Gang zum Papiercontainer zurückkehrte, ertönte aus dem Kinderzimmer eine aufgeregte Stimme: »Mamaaa, wo ist eigentlich mein Manfred Superfix, den ich mal im Kindergarten gebastelt habe?!«

Christa Markus

Hilfe, mein Sohn wird ordentlich!

Wenn sich Kinder über das Chaos in der Wohnung beschweren

Mein ältester Sohn Matthias war bisher recht zurückhaltend, was Freunde anging. So war ich denn auch ganz glücklich, als er neulich beschloß, seinen Freund Christian zu besuchen. Endlich war Matthias bereit, einmal ein »neues Revier« auszukundschaften, statt jemanden zu uns einzuladen. Also bringe ich ihn zu Christian in den Nachbarort. Als ich Matthias wieder abhole, sagt er schon beim Einsteigen ins Auto: »Christian kann ich erst zu uns einladen, wenn du mal gründlich geputzt hast.« Ich wußte nicht, was ich sagen sollte. Mir blieb ganz einfach die Luft weg. Erstens war mir unsere Unsauberkeit bisher noch nicht aufgefallen. Und zweitens versuche ich schon seit Jahren, durch Aufforderungen wie »Räum doch bitte deine Schuhe weg« bei Matthias einen Sinn für Ordnung zu entwickeln. Natürlich mit wenig Erfolg.

Ich frage mich, ob die wöchentliche Reinigung der Zimmer mit Lappen und Schrubber vielleicht doch nicht ausreicht. Mit fünf Kindern ist es schwer, Ordnung zu halten. Aber mit der Gewißheit, daß unter dem Chaos Sauberkeit herrscht, konnte ich bisher gut leben. Die Zeiten, in denen ich andere um ihr immer aufgeräumtes Domizil beneidet habe, sind vorbei. Dachte ich! Nun löst mein Sohn die Diskussion von neuem aus.

Ich hoffe nur, ich kann meinen Kindern mit der Zeit klarmachen, daß es auf einen blanken Fußboden allein nicht ankommt und daß sie sich weder für eine große Familie noch für die damit verbundene Unordnung schämen müssen. Wahrscheinlich fühlen sich Besucher bei uns sogar besonders wohl, weil sie sich angesichts des Chaos um so mehr über die Ordnung im eigenen Heim freuen können.

Unser Sohn wird wahrscheinlich noch einige Zeit brauchen, bis er eine solche Sichtweise verinnerlicht hat. Vorläufig hat er das Problem gelöst, indem er draußen auf seinen Freund wartet. Dort verbringen die beiden den ganzen Nachmittag, und Matthias gerät nicht in Verlegenheit, unsere Auffassung von Sauberkeit zu präsentieren. Noch läßt das Wetter diese Taktik zu. Fragt sich nur, was der Winter bringen wird.

Christel Ixfeld

Null Bock auf Ordnung ...

... aber manchmal gibt es Lichtblicke

Bis vor kurzem trieb unser fünfjähriger Sohn Jeremias sein Unwesen mit »Null Bock auf Ordnung« nur in seinem Zimmer. Vor einigen Tagen ging er nun dazu über, die ganze Wohnung in Beschlag zu nehmen.

Spinnennetz spannen, heißt das Neueste aus dem Kindergarten. Ich dachte, mich trifft der Schlag. Als ich die Tür aufmache, sehe ich, wie unser kleiner Liebling das Wollgarn meiner Frau Carola von einer Türklinke zur anderen – quer durch die Wohnung, vom Flur in die Küche bis ins Wohnzimmer gespannt und kunstvoll verknotet hat.

Er freut sich riesig und findet es super, wie ich versuche, mir teils unter den Fäden, teils darüber einen Weg in die Küche zu bahnen. Daß er sein eigenes Zimmer mit diesem Netzwerk verschont hat, stelle ich erst später fest. Der Grund ist klar ersichtlich: Er kam nicht durch. Mitten im Zimmer liegt noch der umgekrempelte Schlafanzug, genauso, wie er ihn ausgezogen hat, der Papierkorb quillt über von Safttüten und Papier. Drum herum liegen die Krümel vom vergangenen Bleistiftspitzen, Kassetten, Hefte, aufgeschlagene Bücher, Buntstifte, Filzschreiber und Wachsmalstifte und vollgekritzeltes Computerpapier.

Sollten das die Früchte unserer so wohlüberlegten Erziehung sein?

Ich habe nichts dagegen, wenn er Ideen aus dem Kindergarten mit nach Hause bringt und sie in die Tat umsetzt. Aber kann er das bitteschön nicht in seinem Zimmer tun?

Ich kann mich noch gut daran erinnern, wie wir mit der »Erziehung zur Ordnung« anfingen. Er muß etwa zwei Jahre alt gewesen sein, als wir – Carola, Jeremias und ich – gemeinsam abends sein Zimmer aufräumten. Da machte er auch ganz prima mit – meist zwar nur zehn Minuten, denn dann war seine Begeisterung an diesem Aufräumspiel beendet, und den Eltern blieb die Hauptarbeit. Aber es war ein Anfang. Dachten wir uns.

Dann ist Jeremias in den Kindergarten gekommen. Freunde kamen, und sie spielten in seinem Zimmer. In unserer Wohnung hatten wir zwar Ruhe – aber im Kinderzimmer sah es aus wie nach einer Schlacht. Wenn wir die Türen öffneten, quollen uns Bausteine, Bilderbücher, Autos entgegen. Dazwischen angebissene Kekse, Brotscheiben und Apfelreste.

So extrem ist es heute nicht mehr. Und dann dieses Spinnennetz.

Es mußte etwas geschehen. Der Rat von anderen Eltern war nicht ergiebig. Wir müssen wohl ein ganz besonders unordentliches Kind haben, fast schon auffällig. Eine Mutter erzählte, so schlimm sei es bei ihr nie gewesen, sie habe das Ordnungsproblem schon sehr früh gelöst.

Neugierig schaute ich sie an. »Bei uns wurde einfach der Fernseher um 18 Uhr zur Sesamstraße nicht eingeschaltet, wenn sein Zimmer unaufgeräumt war«, verriet sie mir stolz.

Ich kam ins Grübeln. Ordnung durch Fernsehentzug herbeizuführen, das finde ich absurd.

Da geschah – einige Tage nach der Spinnennetzepisode – etwas Sonderbares. Als ich nach Hause komme, nimmt mein Sohn mich an der Hand und führt mich durch die ganze Wohnung. Alles ist blitzsauber. Fast wie im Werbefernsehen. Freudestrahlend erzählt er mir, daß er das Geschirr ganz alleine abgespült hat, und auch staubgesaugt habe er ganz ohne Carolas Hilfe. Carola mußte sich auf sein Drängen hin in das Wohnzimmer setzen und Zeitung lesen. Ich war perplex.

Und sein Zimmer? »Ja, weißt du«, sagte er mir frei heraus, »das habe ich nicht aufgeräumt. Aber es ist schließlich auch mein Zimmer. Und ich finde es gut so, wie es jetzt ist, ganz toll dort.«

Vielleicht, so schoß es mir durch den Kopf, haben wir mit unserer Ordnungserziehung doch nicht alles verkehrt gemacht.

Vielleicht müssen wir uns erst daran gewöhnen, daß er eine andere Vorstellung von Ordnung hat als wir.

Wir sollten seine Ordnung akzeptieren, so wie er die unsrige. Am besten ist es, einfach nicht in sein Zimmer zu schauen.

Peter Ruhbein

Klagelied eines Schülers

Am Schulranzen, da fehlt ein Ring
Und irgend so ein andres Ding,
Und außerdem ist er voll Dreck.
Das Rechenheft ist auch schon weg.
Das such ich jetzt seit Stunden,
Aber ich hab drei Radiergummis gefunden!

Die Filzstifte sind alle leer,
Sogar das Lila geht nicht mehr.
Mal ich die Wiese schwarz? Und den Mann?
Schaut mich die Lehrerin komisch an.
Wie komm ich durch die Zeichenstunden?
Dabei hab ich drei Radiergummis gefunden!

Seitdem der Christoph neben mir sitzt,
Sind meine Bleistifte nie gespitzt.
Und beim Lesen muß ich immer lachen,
Weil die anderen so Faxen machen.
Das Lesebuch ist nicht eingebunden,
Aber ich hab drei Radiergummis gefunden!

Rechnen kann ich schon ganz fein,
Nur zum Schluß kommt immer ein Fehler rein.
Mein Taschenmesser ist abgebrochen
Beim Schulausflug, schon vor drei Wochen,
Und meine Knie sind ganz zerschunden,
Aber ich hab drei Radiergummis gefunden!

Das Rad haben mir die andern verbogen.
Die Mama glaubt, das sei gelogen,
Weil ich's immer so in die Ecken feuer,
Dabei, sagt sie, war das Rad so teuer!
Und die Taschentücher sind alle verschwunden,
Dafür hab ich drei Radiergummis gefunden!

Papa sagt, er will zur Schule gehn
Und will mal nach dem Rechten sehn.
Ich geh doch auch nicht in sein Büro
Und frag, was macht er da eigentlich so?
Und Mama sagt, ich krieg Nachhilfestunden.
Dabei hab ich doch drei Radiergummis gefunden!

Dietlind Neven-du Mont

Lustige Ordnungshüter selbstgemacht

Was trägt das hölzerne Bengele?

Ein Kinder-Garderobenständer

Pinocchio trägt, was das Kind des Hauses gerade ablegt. Ohne zu murren, denn er ist ja nur aus Holz, und meist passen ihm dessen Hemd und Hut eh' gut …
Der lebensgroße, witzige Kinder-Garderobenständer aus Sperrholz ist ein besonders hübsches Möbelstück fürs Kinderzimmer, und manchmal hilft er sogar, Ordnung zu halten.
Die Arme des hölzernen Bengels sind beweglich und können vom Kind selbst festgestellt werden.

Bastelanleitung

Das brauchen Sie:
– Sperrholz (5 mm)
– 2 Rundhölzer 48 cm lang, 34 mm dick
– 4 Schloßschrauben 8 x 25 mm mit Flügelmuttern und 8 Unterlegscheiben

So wird's gemacht:

Die Teile für Kopf (1x), Arme (4x) und Rumpf (2x) aus Sperrholz ausschneiden, Form und Größe wie auf der Skizze angegeben. An den vorgesehenen Stellen die Löcher für die Schrauben bohren. Nun werden die Oberarme mit den Schloßschrauben, Flügelmuttern und Unterlegscheiben zwischen den Rumpfteilen befestigt. Auf die gleiche Weise verbindet man die Unterarme mit den Oberarmen. Für den Kopf reicht eine einfache Gewindeschraube (6 x 25 mm) mit Mutter.

Um die Beine am Rumpf zu befestigen, müssen in die Enden der Rundhölzer Schlitze gesägt werden: 15 mm breit, 30 mm tief.

Dann können die Beine mit je zwei Schrauben (6 x 40), passenden Muttern und kleinen Distanzstücken aus Holz (5 mm) festgeschraubt werden.

In die Füße werden Löcher (34 mm) gebohrt, mindestens 20 mm tief. Beine hineinstecken und mit Leim oder mit einer Schraube (von unten) befestigen. Die Nase aus einem Besenstiel-Ende zurechtraspeln und anschrauben. Augen und Mund aufmalen.

Zum Schluß kann man die Oberfläche noch mit Leinölfirnis behandeln.

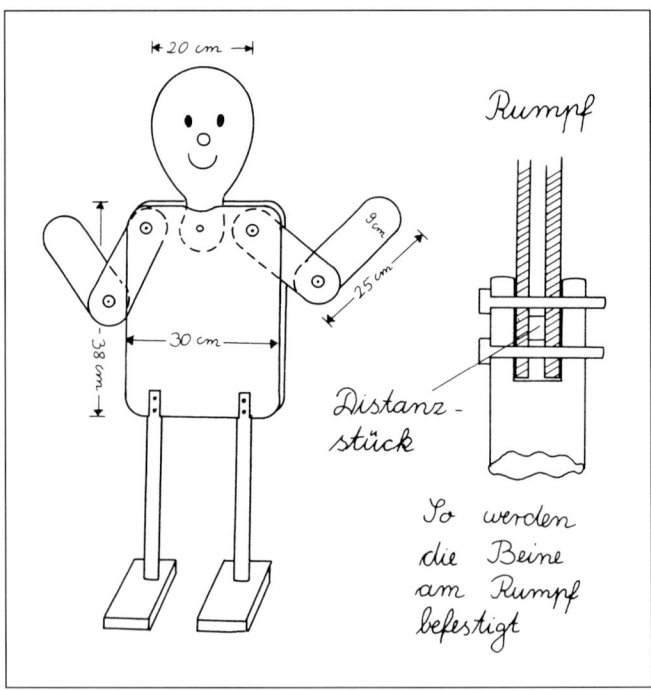

Diener im Frack

Stummer Diener nannte man früher die Figuren aus Holz, die, meist in der Gestalt eines Mohren oder Kellners, mit einem Tablett in der Hand die Entrées vornehmer Leute zierten. Heute haben sie zum Glück ausgedient – oder finden in anderer, witziger Gestalt den Weg ins Kinderzimmer. Der Pinguin jedenfalls, sowieso schon im Frack, trägt gerne die Kleider Ihres Kindes über Nacht, damit es morgens gleich wieder in seine Sachen schlüpfen kann.

Bastelanleitung

Das brauchen Sie:
- Sperrholz, 16 mm dick:
  je ein Stück 40 x 80 cm
  und 40 x 40 cm,
  je zwei Stück 30 x 30
  cm und 40 x 15 cm
- Schrauben:
  11 Stück von 50 x 3 mm,
  13 Stück von 25 x 3 mm
- Holzleim
- Acryl-Lack-Farben
  (schwarz, weiß, rot,
- gelb)
- zwei Schranktürknöpfe
- Stichsäge
- Bohrmaschine
- Schraubenzieher
- Raspel
- Schraubzwinge
- Wasserwaage

So wird's gemacht:

Sägen Sie mit der Stichsäge die Teile in Originalgröße aus, und runden Sie die freistehenden Kanten mit der Raspel ab. Dann schrauben Sie den Pinguin in der Diagonalen auf das obere Sockelbrett. Die Löcher für die drei Schrauben (3 mm x 50 mm) müssen vorgebohrt werden. Die Schraubköpfe werden versenkt. Montieren Sie dann im rechten Winkel das Stückdreieck: erst mit dem Sockelbrett verschrauben und dann mit dem Pinguin, so wie Sie es auf der Zeichnung sehen.

Nun wird das Ganze mit fünf Schrauben (3 mm x 25 mm) auf das untere größere Sockelbrett geschraubt.

Die Löcher von unten vorbohren, die Schraubenköpfe versenken. Der Flügel, der das Tablett tragen soll, muß waagerecht sein (benutzen Sie zur Kontrolle die Wasserwaage). Er wird mit zwei Schrauben befestigt. Der andere Flügel kann beliebig herunterbaumeln. Zuletzt wird das Tablett angebracht. Es wird von oben auf den Flügel geschraubt. An der Unterseite kann man die Konstruktion noch mit zwei Leisten stützen. Zum Bemalen nehmen Sie am besten Acryl-Lack. Als Westenknöpfe eignen sich Schranktürknöpfe.

Nase lang und kugelrund

Beim Aufräumen-Lernen könnte diese hübsche Kindergarderobe nützlich sein: die Jacke kommt zur Gretel, die Hose zum Kaspar – oder lieber umgekehrt?
Zum Glück gibt es noch eine Alternative, denn aller guten Dinge sind drei.

Bastelanleitung

Das brauchen Sie:
- Leimholz (oder Sperr-holz), 2 x 30 x 50 cm
- drei Garderobenknöpfe aus Holz
- Farben
- Naturharzlack
- Stichsäge
- Schmirgelpapier
- Bohrer

So wird's gemacht:
Übertragen Sie die Zeichnung auf das Holzbrett, und sägen Sie die Form mit der Stichsäge aus. Die Kanten werden mit Schmirgelpapier geglättet. Anstelle der Nasen bohren Sie Löcher, dick genug, daß Sie die Holzknöpfe einleimen können. Anschließend bemalen Sie die Garderobe, kleben die Nasen ein und überziehen das Ganze mit einem Schutzmantel aus Naturharzlack. Mit zwei Schrauben wird die Garderobe an der Wand befestigt.

Hier sitzt du!

Die Freude ist riesengroß, wenn die Gäste Ihres Geburtstagskindes diese lustigen Tischkarten- und Serviettenhalter am Platz vorfinden. Auch kleine Lose oder Schnitzeljagdaufgaben lassen sich in den Holzfiguren einklammern.

Bastelanleitung

Das brauchen Sie:
– Leim- oder Massivholz, ca. 2 cm dick
– Farben, die wasserfest eintrocknen
– Naturharzlack
– Laub- oder Stichsäge
– kleine Säge
– Raspel oder Feile

So wird's gemacht:

Übertragen Sie die Schablonen für Zwerg und Vogel in der gewünschten Anzahl auf das Holz. Die Formen werden mit Laub- oder Stichsäge ausgesägt. Es empfiehlt sich, die Standflächen an eine Seitenkante anzulegen. In den Vogel-Schnabel sägen Sie mit der kleinen Säge einen Schlitz von ungefähr einem halben Zentimeter Tiefe. Dort stecken Sie später das Tischkärtchen hinein. In das Loch des Zwergenbauches wird die Serviette als »Bart« gesteckt. Mit Raspel, Feile oder Bandschleifer wird die Zwergenform gerundet. Alle Kanten schmirgeln Sie nun glatt, und anschließend bemalen und lackeren Sie die Figuren.

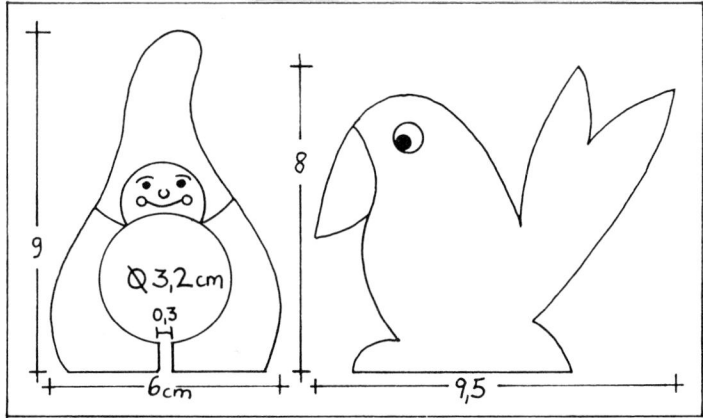

Tierische Ordnung

Spätestens wenn Kinder zur Schule kommen, brauchen sie einen eigenen Schreibtisch, und dort sieht es dann bald aus wie früher in den Hosentaschen. Ein bißchen mehr Lust auf Ordnung bekommt Ihr Kind vielleicht, wenn Sie ihm solch witzige Ordnungshüter basteln.

Bastelanleitung

Das brauchen Sie:
– leere Behältnisse von Margarine, Joghurt,
   Quarkspeisen oder ähnlichem
– Hartfaserplatten
– Holz- und Papierkugeln
– ungiftige Lackfarben
– Holzleim
– Draht
– Laubsäge
– scharfes Messer

So wird's gemacht:

Legen Sie als erstes einen der Plastikbecher mit der Öffnung nach unten auf eine Hartfaserplatte, und zeichnen Sie die äußere Form nach. Dann malen Sie noch – je nachdem, welches Tiergesicht Ihnen vorschwebt – Ohren oder Hörner dazu und sägen den gesamten Kopf mit der Laubsäge aus. Mit einem scharfen Messer wird nun eine Mundöffnung in den Becherboden geschnitten. Kleben Sie anschließend den Becher auf die ausgesägte Form, und vervollständigen Sie das Gesicht mit angeklebten, eventuell mit dem Messer halbierten Papierkugeln als Augen oder Nasenspitze. Jetzt können Sie die Köpfe mit den Lackfarben bemalen. Nach dem Trocknen werden sie mit Schnurhaaren aus Draht vervollständigt, die einfach durch die mit einer Nadel vorgestochenen Löcher gesteckt werden. Wer mag, kann an der Rückseite noch einen Aufhänger anbringen. Wer die Tiere an einer Pinnwand befestigen will, hängt sie an verschiedene Stecknadeln mit großen Nadelköpfen. Füllen Sie Ihre Ordnungshüter mit Schnur, Bändern, Buntpapierfolien oder anderem Bastelmaterial, das Ihr Schulkind braucht.

Literatur

Böhm, Annette/Braunmühl, Ekkehard von: Liebe ohne Hiebe. Der Weg zu harmonischen Familienbeziehungen. Düsseldorf 1993

Braunmühl, Ekkehard von: Zeit für Kinder. Theorie und Praxis von Kinderfeindlichkeit, Kinderfreundlichkeit, Kinderschutz. Frankfurt ^{12}1993

Caiatti, Maria/Delac, Svjetlana/Müller, Angelika: Freispiel – freies Spiel? Erfahrungen und Impulse. München ^{5}1992

Dreikurs, Rudolf/Blumenthal, Erik: Eltern und Kinder – Freunde oder Feinde? Stuttgart ^{2}1992

Dreikurs, Rudolf/Gould, Shirley/Corsini, Raymond J.: Familienrat. Der Weg zu einem glücklicheren Zusammenleben von Eltern und Kindern. Stuttgart 1977

Gordon, Thomas: Familienkonferenz, München 1989

Hacke, Axel: Der kleine Erziehungsberater. München 1992

Jaffke, Freya: Spielzeug. Von Eltern selbst gemacht. Stuttgart ^{17}1992

Quellenverzeichnis

Für die Erlaubnis zum Abdruck folgender Beiträge danken wir den Autoren und Verlagen:

Martin Auer, *Aufräumen*, S. 38, aus: »Was niemand wissen kann«, Beltz & Gelberg, Weinheim

Roswitha Fröhlich, *Schubladengeister*, S. 65, aus: »Der Sandmann packt aus«, Rowohlt Verlag, Reinbek

Hermann Krekeler, *Der Sternenkobold*, S. 87, aus: »Heut nacht steigt der Mond übers Dach«, Ellermann Verlag, München; *Was trägt das hölzerne Bengele?*, S. 95 f., aus: »spielen und lernen«, Heft 9/1992, © Velber Verlag, Seelze

Dietlind Neven-du-Mont, *Klagelied eines Schülers*, S. 93 f., aus: »Auf der ganzen Welt gibt's Kinder«, Arena Verlag, Würzburg

Shel Silverstein, *Unordentliches Zimmer*, S. 23, aus: »Ein Licht unterm Dach«, © 1988 Gertraud Middelhauve Verlag, München

Hans Stempel und Martin Ripkens, *Kinderkram*, S. 57, und *Rumpelkammer*, S. 69, aus: »Purzelbaum. Verse für Kinder«, Ellermann Verlag, München

Judith Winstel, *Diener im Frack*, S. 97 f., *Nase lang und kugelrund*, S. 99, *Hier sitzt du*, S. 100 f., *Tierische Ordnung*, S. 102 f., alle aus: »Das mach ich für mein Kind«, © Velber Verlag, Seelze

Fotonachweis

Cornelia Frese: S. 15, 21, 77

Hermann Krekeler: S. 28, 67

Doris Lucke: S. 50, 51

Claudia Rehm: S. 20, 34, 58, 89